Acantila
LA U
DE L(

T0014503

NUCCIO ORDINE (Diamante, 1958 – Calabria, 2023) fue profesor de Literatura Italiana en la Universidad de Calabria y autor de diversos libros, varios de ellos sobre Giordano Bruno y el Renacimiento. Fue profesor invitado de centros como Yale, París IV-Sorbonne, IEA de París, CESR de Tours, el Warburg Institute o la Sociedad Max Planck de Berlín. Fue también miembro del Harvard University Center for Italian Renaissance Studies y de la Fundación Alexander von Humboldt, así como miembro de honor del Instituto de Filosofía de la Academia Rusa de Ciencias. En Acantilado ha publicado *Clásicos para la vida* (2017), *Tres coronas para un rey* (2022) y *Los hombres no son islas* (2022). Asimismo, recibió el Premio Princesa de Asturias de Comunicación y Humanidades 2023.

NUCCIO ORDINE

LA UTILIDAD
DE LO INÚTIL

MANIFIESTO

CON UN ENSAYO
DE ABRAHAM FLEXNER

TRADUCCIÓN DEL ITALIANO
Y EL INGLÉS DE JORDI BAYOD

BARCELONA 2013   ACANTILADO

TÍTULO ORIGINAL *L'utilità dell'inutile*

Publicado por
ACANTILADO
Quaderns Crema, S.A.

Muntaner, 462 - 08006 Barcelona
Tel. 934 144 906
correo@acantilado.es
www.acantilado.es

© 2013 by Nuccio Ordine y RCS Libri S.p.A, Bompiani, Milán
© de la traducción, 2013 by Jordi Bayod Brau
© de esta edición, 2013 by Quaderns Crema, S.A.

Derechos exclusivos de edición en lengua castellana:
Quaderns Crema, S.A.

En la cubierta, *Demócrito* (*c.* 1628), de Diego Velázquez

ISBN: 978-84-15689-92-8
DEPÓSITO LEGAL: B. 23146-2013

AIGUADEVIDRE *Gráfica*
QUADERNS CREMA *Composición*
ROMANYÀ-VALLS *Impresión y encuadernación*

TRIGÉSIMA SEGUNDA REIMPRESIÓN *septiembre de 2023*
PRIMERA EDICIÓN *noviembre de 2013*

CONTENIDO

SEGUNDA PARTE
LA UNIVERSIDAD-EMPRESA
Y LOS ESTUDIANTES-CLIENTES

TERCERA PARTE
POSEER MATA: «DIGNITAS HOMINIS»,
AMOR, VERDAD

APÉNDICE

A Rosalia

INTRODUCCIÓN

Y es precisamente tarea de la filosofía
el revelar a los hombres la utilidad de lo inútil
o, si se quiere, enseñarles a diferenciar
entre dos sentidos diferentes de la palabra *utilidad*.

PIERRE HADOT,
Ejercicios espirituales y filosofía antigua

El oxímoron evocado por el título *La utilidad de lo inútil* merece una aclaración. La paradójica *utilidad* a la que me refiero no es la misma en cuyo nombre se consideran inútiles los saberes humanísticos y, más en general, todos los saberes que no producen beneficios. En una acepción muy distinta y mucho más amplia, he querido poner en el centro de mis reflexiones la idea de utilidad de aquellos saberes cuyo valor esencial es del todo ajeno a cualquier finalidad utilitarista. Existen saberes que son fines por sí mismos y que—precisamente por su naturaleza gratuita y desinteresada, alejada de todo vínculo práctico y comercial—pueden ejercer un papel fundamental en el cultivo del espíritu y en el desarrollo civil y cultural de la humanidad. En este contexto, considero *útil* todo aquello que nos ayuda a hacernos mejores.

Pero la lógica del beneficio mina por la base las instituciones (escuelas, universidades, centros de investigación, laboratorios, museos, bibliotecas, archivos) y las disciplinas (humanísticas y científicas) cuyo valor debería coincidir con el saber en sí, independientemente de la capacidad de producir ganancias inmediatas o beneficios prácticos. Es cierto

9

que con mucha frecuencia los museos o los yacimientos arqueológicos pueden ser también fuentes de extraordinarios ingresos. Pero su existencia, contrariamente a lo que algunos querrían hacernos creer, no puede subordinarse al éxito económico: la vida de un museo o una excavación arqueológica, como la de un archivo o una biblioteca, es un tesoro que la colectividad debe preservar con celo a toda costa.

Por este motivo no es cierto que en tiempos de crisis económica todo esté permitido. De igual manera, por las mismas razones, no es cierto que las oscilaciones de la *prima de riesgo* puedan justificar la sistemática destrucción de cuanto se considera inútil por medio del rodillo de la inflexibilidad y el recorte lineal del gasto. Hoy en día Europa se asemeja a un teatro en cuyo escenario se exhiben cotidianamente sobre todo acreedores y deudores. No hay reunión política o cumbre de las altas finanzas en la que la obsesión por los presupuestos no constituya el único punto del orden del día. En un remolino que gira sobre sí mismo, las legítimas preocupaciones por la restitución de la deuda son exasperadas hasta el punto de producir efectos diametralmente opuestos a los deseados. El fármaco de la dura austeridad, como han observado varios economistas, en vez de sanar al enfermo lo está debilitando aún más de manera inexorable. Sin preguntarse por qué razón las empresas y los estados han contraído tales deudas—¡el rigor, extrañamente, no hace mella en la rampante corrupción ni en las fabulosas retribuciones de expolíticos, ejecutivos, banqueros y superconsejeros!—, los múltiples responsables de esta deriva recesiva no sienten turbación alguna por el hecho de que quienes paguen sean sobre todo la clase media y los más débiles, millones de inocentes seres humanos desposeídos de su dignidad.

No se trata de eludir neciamente la responsabilidad por las cuentas que no cuadran. Pero tampoco es posible ignorar la sistemática destrucción de toda forma de humanidad y solidaridad: los bancos y los acreedores reclaman implacablemente, como Shylock en *El mercader de Venecia*, la libra de carne viva de quien no puede restituir la deuda. Así, con crueldad, muchas empresas (que se han aprovechado durante décadas de la privatización de los beneficios y la socialización de las pérdidas) despiden a los trabajadores, mientras los gobiernos suprimen los empleos, la enseñanza, la asistencia social a los discapacitados y la sanidad pública. El derecho a tener derechos—para retomar un importante ensayo de Stefano Rodotà, cuyo título evoca una frase de Hannah Arendt—queda, de hecho, sometido a la hegemonía del mercado, con el riesgo progresivo de eliminar cualquier forma de respeto por la persona. Transformando a los hombres en mercancías y dinero, este perverso mecanismo económico ha dado vida a un monstruo, sin patria y sin piedad, que acabará negando también a las futuras generaciones toda forma de esperanza.

Los hipócritas esfuerzos por conjurar la salida de Grecia de Europa—pero las mismas reflexiones podrían valer para Italia o España—son fruto de un cínico cálculo (el precio a pagar sería aún mayor que el supuesto por el frustrado reembolso de la deuda misma) y no de una auténtica cultura política fundada en la idea de que Europa sería inconcebible sin Grecia porque los saberes occidentales hunden sus remotas raíces en la lengua y la civilización griegas. ¿Acaso las deudas contraídas con los bancos y las finanzas pueden tener fuerza suficiente para cancelar de un solo plumazo las más importantes *deudas* que, en el curso de los siglos, hemos contraído con quienes nos han hecho el regalo de un extraordinario patrimonio artístico y literario, musical y filosófico, científico y arquitectónico?

En este brutal contexto, la utilidad de los saberes inútiles se contrapone radicalmente a la utilidad dominante que, en nombre de un exclusivo interés económico, mata de forma progresiva la memoria del pasado, las disciplinas humanísticas, las lenguas clásicas, la enseñanza, la libre investigación, la fantasía, el arte, el pensamiento crítico y el horizonte civil que debería inspirar toda actividad humana. En el universo del utilitarismo, en efecto, un martillo vale más que una sinfonía, un cuchillo más que una poesía, una llave inglesa más que un cuadro: porque es fácil hacerse cargo de la eficacia de un utensilio mientras que resulta cada vez más difícil entender para qué pueden servir la música, la literatura o el arte.

Ya Rousseau había notado que los «antiguos políticos hablaban incesantemente de costumbres y de virtud; los nuestros sólo hablan de comercio y de dinero». Las cosas que no comportan beneficio se consideran, pues, como un lujo superfluo, como un peligroso obstáculo. «Se desdeña todo aquello que no es útil», observa Diderot, porque «el tiempo es demasiado precioso para perderlo en especulaciones ociosas».

Basta releer los espléndidos versos de Charles Baudelaire para comprender la incomodidad del poeta-albatros, majestuoso dominador de los cielos que, una vez descendido entre los hombres, sufre las burlas de un público atraído por intereses muy distintos

> Este alado viajero, ¡qué torpe y débil es!
> Él, otrora tan bello, ¡qué feo y qué grotesco!
> ¡Uno, va y le fastidia el pico con la pipa,
> Y al que volaba, enfermo, cojeando otro imita!».

[*Ce voyageur ailé, comme il est gauche et veule!* | *Lui, naguère si beau, qu'il est comique et laid!* | *L'un agace son bec avec un brûle-guele,* | *l'autre mime, en boitant, l'infirme qui volait!*].

Y no sin irónica desolación, Flaubert en su *Diccionario de lugares comunes* define la poesía como «del todo inútil» porque está «pasada de moda», y al poeta como «sinónimo de lelo» y «soñador». De nada parece haber servido el sublime verso final de un poema de Hölderlin en el que se recuerda el papel fundador del poeta: «Pero lo que permanece lo fundan los poetas» («*Was bleibet aber, stiften die Dichter*»).

Las páginas que siguen no tienen ninguna pretensión de formar un texto orgánico. Reflejan la fragmentariedad que las ha inspirado. Por ello también el subtítulo—*Manifiesto*—podría parecer desproporcionado y ambicioso si no se justificara por el espíritu militante que ha animado constantemente este trabajo. Tan sólo he querido recoger, dentro de un contenedor abierto, citas y pensamientos coleccionados durante muchos años de enseñanza e investigación. Y lo he hecho con la más plena libertad, sin ninguna atadura y con la conciencia de haberme limitado a esbozar un retrato incompleto y parcial. Y como a menudo ocurre en los florilegios y las antologías, las ausencias acaban siendo más significativas que las presencias. Sabedor de estos límites, he subdividido mi ensayo en tres partes: la primera, dedicada al tema de la útil inutilidad de la literatura; la segunda, consagrada a los efectos desastrosos producidos por la lógica del beneficio en el campo de la enseñanza, la investigación y las actividades culturales en general; en la tercera parte, valiéndome de algún brillante ejemplo, he releído algunos clásicos que, en el curso de los siglos, han mostrado la carga ilusoria de la posesión y sus efectos devastadores sobre la *dignitas hominis*, el amor y la verdad.

He pensado en unir a mis breves reflexiones también un excelente (y por desgracia poco conocido) ensayo de Abraham Flexner de 1937, publicado de nuevo en 1939 con algunos añadidos. Entre los más acreditados fundadores del

Institute for Advanced Study de Princeton—nacido con el objetivo expreso de proponer una *quête* libre de cualquier atadura utilitarista e inspirada exclusivamente por la *curiositas* de sus ilustres miembros, entre los cuales querría al menos recordar a Albert Einstein y Julius Robert Oppenheimer—, este célebre científico-pedagogo estadounidense nos presenta un fascinante relato de la historia de algunos grandes descubrimientos, para mostrar cómo precisamente aquellas investigaciones científicas teóricas consideradas más inútiles, por estar privadas de cualquier intención prática, han favorecido de forma inesperada aplicaciones, desde las telecomunicaciones hasta la electricidad, que después se han revelado fundamentales para el género humano.

El punto de vista de Flexner me ha parecido muy eficaz para limpiar el terreno de todo equívoco: crear contraposiciones entre saberes humanísticos y saberes científicos—como ha sucedido muchas veces a partir de los años cincuenta, después del famoso ensayo de Charles Percy Snow—habría deslizado inevitablemente el debate hacia las arenas movedizas de una polémica estéril. Y, sobre todo, habría confirmado un total desinterés por la necesaria unidad de los saberes—por la indispensable *nueva alianza* sobre la cual ha escrito páginas esclarecedoras el premio Nobel Ilya Prigogine—, desafortunadamente hoy cada vez más amenazada por la parcelación y la ultraespecialización de los conocimientos. Flexner nos muestra de forma magistral que la ciencia tiene mucho que enseñarnos sobre la utilidad de lo inútil. Y que, junto a los humanistas, también los científicos han desempeñado y desempeñan una función importantísima en la batalla contra la dictadura del beneficio, en defensa de la libertad y la gratuidad del conocimiento y la investigación.

Por lo demás, la conciencia de la distinción entre una

ciencia puramente especulativa y desinteresada y una ciencia aplicada estaba ampliamente difundida entre los antiguos, como atestiguan las reflexiones de Aristóteles y algunas anécdotas atribuidas a grandes científicos de la talla de Euclides y Arquímedes.

Se trata de cuestiones fascinantes que, sin embargo, podrían conducirnos demasiado lejos. Ahora me interesa subrayar la vital importancia de aquellos valores que no se pueden *pesar* y *medir* con instrumentos ajustados para evaluar la *quantitas* y no la *qualitas*. Y, al mismo tiempo, reivindicar el carácter fundamental de las *inversiones* que generan retornos no inmediatos y, sobre todo, no monetizables.

El saber constituye por sí mismo un obstáculo contra el delirio de omnipotencia del dinero y el utilitarismo. Todo puede comprarse, es cierto. Desde los parlamentarios hasta los juicios, desde el poder hasta el éxito: todo tiene un precio. Pero no el conocimiento: el precio que debe pagarse por conocer es de una naturaleza muy distinta. Ni siquiera un cheque en blanco nos permitirá adquirir mecánicamente lo que sólo puede ser fruto de un esfuerzo individual y una inagotable pasión. Nadie, en definitiva, podrá realizar en nuestro lugar el fatigoso recorrido que nos permitirá aprender. Sin grandes motivaciones interiores, el más prestigioso título adquirido con dinero no nos aportará ningún conocimiento verdadero ni propiciará ninguna auténtica metamorfosis del espíritu.

Ya Sócrates lo había explicado a Agatón, cuando en el *Banquete* se opone a la idea de que el conocimiento pueda transmitirse mecánicamente de un ser humano a otro como el agua que fluye a través de un hilo de lana desde un recipiente lleno hasta otro vacío:

Estaría bien, Agatón, que la sabiduría fuera una cosa de tal naturaleza que, al ponernos en contacto unos con otros, fluyera del más lleno al más vacío de nosotros, como fluye el agua en las copas, a través de un hilo de lana, de la más llena a la más vacía.

Pero hay algo más. Sólo el saber puede desafiar una vez más las leyes del mercado. Yo puedo poner en común con los otros mis conocimientos sin empobrecerme. Puedo enseñar a un alumno la teoría de la relatividad o leer junto a él una página de Montaigne dando vida al milagro de un proceso virtuoso en el que se enriquece, al mismo tiempo, quien da y quien recibe.

Ciertamente no es fácil entender, en un mundo como el nuestro dominado por el *homo oeconomicus*, la utilidad de lo inútil y, sobre todo, la inutilidad de lo útil (¿cuántos bienes de consumo innecesarios se nos venden como útiles e indispensables?). Es doloroso ver a los seres humanos, ignorantes de la cada vez mayor desertificación que ahoga el espíritu, entregados exclusivamente a acumular dinero y poder. Es doloroso ver triunfar en las televisiones y los medios nuevas representaciones del éxito, encarnadas en el empresario que consigue crear un imperio a fuerza de estafas o en el político impune que humilla al Parlamento haciendo votar leyes *ad personam*. Es doloroso ver a hombres y mujeres empeñados en una insensata carrera hacia la tierra prometida del beneficio, en la que todo aquello que los rodea—la naturaleza, los objetos, los demás seres humanos—no despierta ningún interés. La mirada fija en el objetivo a alcanzar no permite ya entender la alegría de los pequeños gestos cotidianos ni descubrir la belleza que palpita en nuestras vidas: en una puesta de sol, un cielo estrellado, la ternura de un beso, la eclosión de una flor, el vuelo de una mariposa, la sonrisa de un niño. Porque, a menudo, la grandeza se percibe mejor en las cosas más simples.

«Si no se comprende la utilidad de lo inútil, la inutilidad

de lo útil, no se comprende el arte», ha observado con razón Eugène Ionesco. Y no por azar, muchos años antes, Kakuzo Okakura, al describir el ritual del té, había reconocido en el placer de un hombre cogiendo una flor para regalarla a su amada el momento preciso en el que la especie humana se había elevado por encima de los animales: «Al percibir la sutil utilidad de lo inútil—refiere el escritor japonés en *El libro del té*—, [el hombre] entra en el reino del arte». De una sola vez, un lujo doble: la flor (el objeto) y el acto de cogerla (el gesto) representan ambos lo inútil, poniendo en cuestión lo necesario y el beneficio.

Los verdaderos poetas saben bien que la poesía sólo puede cultivarse lejos del cálculo y la prisa: «Ser artista—confiesa Rainer Maria Rilke en un pasaje de las *Cartas a un joven poeta*—quiere decir no calcular ni contar: madurar como el árbol, que no apremia a su savia, y se yergue confiado en las tormentas de primavera, sin miedo a que detrás pudiera no venir el verano». Los versos no se someten a la lógica de la precipitación y lo útil. Al contrario, a veces, como sugiere el Cyrano de Edmond Rostand en las frases finales de la *pièce*, lo inútil es necesario para hacer que cualquier cosa sea más bella:

> ¿Qué decís? ¿Que es inútil? Ya lo daba por hecho.
> Pero nadie se bate para sacar provecho.
> No, lo noble, lo hermoso es batirse por nada.

[*Que dites-vous?... C'est inutile?... Je sais!* | *Mais on ne se bat pas dans l'espoir du succès!* | *Non! non, c'est bien plus beau lorsque c'est inutile!*].

Tenemos necesidad de lo inútil como tenemos necesidad, para vivir, de las funciones vitales esenciales. «La poesía—nos recuerda una vez más Ionesco—, la necesidad de imaginar, de crear es tan fundamental como lo es respirar. Respirar es vivir y no evadir la vida». Esta respiración, como evidencia Pietro Barcellona, expresa «el excedente de la vida respecto de la vida misma», transformándose en «energía que circula de forma invisible y que va más allá de la vida, aun siendo inmanente a ella». En los pliegues de las actividades consideradas superfluas, en efecto, podemos percibir los estímulos para pensar un mundo mejor, para cultivar la utopía de poder disminuir, si no eliminar, las injusticias generalizadas y las dolorosas desigualdades que pesan (o deberían pesar) como una losa sobre nuestras conciencias. Sobre todo en los momentos de crisis económica, cuando las tentaciones del utilitarismo y del más siniestro egoísmo parecen ser la única estrella y la única ancla de salvación, es necesario entender que las actividades que no sirven para nada podrían ayudarnos a escapar de la prisión, a salvarnos de la asfixia, a transformar una vida plana, una no-vida, en una vida fluida y dinámica, una vida orientada por la *curiositas* respecto al espíritu y las *cosas humanas*.

Si el biofísico y filósofo Pierre Lecomte du Noüy nos ha invitado a reflexionar sobre el hecho de que «en la escala de los seres, sólo el hombre realiza actos inútiles», dos psicoterapeutas (Miguel Benasayag y Gérard Schmit) nos sugieren que «la utilidad de lo inútil es la utilidad de la vida, de la creación, del amor, del deseo», porque «lo inútil produce lo que nos resulta más útil; es lo que se crea sin atajos, sin ganar tiempo, al margen del espejismo forjado por la sociedad». Este es el motivo por el que Mario Vargas Llosa, con ocasión de la entrega del premio Nobel de 2010, manifestó acertadamente que un «mundo sin literatura sería un mundo sin deseos ni ideales ni desacatos, un mundo de autómatas privados de lo que hace que el ser humano sea de veras humano: la capacidad de salir de sí mismo y mudarse en otro, en otros, modelados con la arcilla de nuestros sueños».

Y quién sabe si a través de las palabras de Mrs. Erlynne—«En la vida moderna lo superfluo lo es todo»—Oscar Wilde (acordándose probablemente de un célebre verso de Voltaire: «le superflu, chose très nécéssaire» [«lo superfluo, cosa muy necesaria»]) no quiso aludir precisamente a la *superfluidad* de su mismo oficio de escritor. A aquel «algo más» que—lejos de connotar, en sentido negativo, una «superfetación» o una cosa «superabundante»—expresa, por el contrario, lo que excede de lo necesario, lo que no es indispensable, lo que rebasa lo esencial. En suma, lo que coincide con la idea vital de un flujo que se renueva continuamente (*fluere*) y también—como había señalado ya algunos años antes en el prefacio de *El retrato de Dorian Gray*: «Todo arte es completamente inútil»—con la noción misma de inutilidad.

Pero si se piensa bien, una obra de arte no pide venir al mundo. O mejor dicho, recurriendo de nuevo a una espléndida reflexión de Ionesco, la obra de arte «exige nacer» de la misma manera que «el niño exige nacer»: «El niño no nace para la sociedad—expone el dramaturgo—aunque la sociedad se apodere de él. Nace para nacer. La obra de arte nace igualmente para nacer, se impone a su autor, exige ser sin tener en cuenta o sin preguntarse si es requerida o no por la sociedad». Ello no impide que la sociedad pueda «apoderarse de la obra de arte»: y aunque sea cierto que «puede utilizarla como quiera»—«puede condenarla» o «puede destruirla»—queda en pie el hecho de que la obra de arte «puede cumplir o no una función social, pero no es esta función social» (p. 120). Y si «es absolutamente necesario que el arte sirva para alguna cosa, yo diré—concluye Ionesco—que debe servir para enseñar a la gente que hay actividades que no sirven para nada y que es indispensable que las haya» (p. 121).

Sin esta conciencia, sería difícil entender una paradoja de la historia: cuando prevalece la barbarie, el fanatismo se ensaña no sólo con los seres humanos sino también con las bibliotecas y las obras de arte, con los monumentos y las grandes obras maestras. La furia destructiva se abate sobre las cosas consideradas inútiles: el saqueo de la biblioteca real de Luoyang efectuado por los Xiongnu en China, la quema de los manuscritos paganos en Alejandría decretada por la intolerancia del obispo Teófilo, los libros heréticos consumidos por las llamas de la Inquisición, las obras *subversivas* destruidas en los autos de fe escenificados por los nazis en Berlín, los espléndidos budas de Bamiyán arrasados por los talibanes en Afganistán o también los manuscritos del Sahel y las estatuas de Alfaruk en Tombuctú amenazadas por los yihadistas. Cosas inútiles e inermes, silenciosas e inofensivas, pero percibidas como un peligro por el simple hecho de existir.

En medio de las ruinas de una Europa destruida por la ciega violencia de la guerra, Benedetto Croce reconoce los signos del advenimiento de los nuevos bárbaros, capaces de pulverizar en un solo momento la larga historia de una gran civilización:

[...] Cuando los espíritus bárbaros [recobran vigor] no sólo derrotan y oprimen a los hombres que la representan [la civilización], sino que se dedican a destrozar las obras que para ellos eran instrumentos de otras obras, y destruyen hermosos monumentos, sistemas de pensamiento, todos los testimonios del noble pasado, cerrando escuelas, dispersando o incendiando museos y bibliotecas y archivos [...]. No es preciso buscar ejemplos de tales cosas en las historias remotas, porque las de nuestros días los ofrecen con tanta abundancia que incluso hemos perdido el sentimiento de horror por ellos.

Pero también quien erige murallas, como nos recuerda Jorge Luis Borges, puede fácilmente arrojar los libros a las llamas de una hoguera, porque en ambos casos se termina por «quemar el pasado»:

Leí, días pasados, que el hombre que ordenó la edificación de la casi infinita muralla china fue aquel primer emperador, Shih Huang Ti, que asimismo dispuso que se quemaran todos los libros anteriores a él. Que las dos vastas operaciones—las quinientas a seiscientas leguas de piedra opuestas a los bárbaros, la rigurosa abolición de la historia, es decir del pasado—procedieran de una persona y fueran de algún modo sus atributos, inexplicablemente me satisfizo y, a la vez, me inquietó.

Lo sublime desaparece cuando la humanidad, precipitada en la parte baja de la rueda de la Fortuna, toca fondo. El hombre se empobrece cada vez más mientras cree enriquecerse:

Si diariamente defraudas, engañas, buscas y haces componendas, robas, arrebatas con violencia—advierte Cicerón en las *Paradojas de los estoicos*—; si despojas a tus socios, si saqueas el erario […], entonces, dime: ¿significa esto que te encuentras en la mayor abundancia de bienes o que careces de ellos?

No sin razón en las páginas finales del tratado *Sobre lo sublime*, una de las obras antiguas más importantes de crítica literaria que han llegado hasta nosotros, el Pseudo-Longino distingue con claridad las causas que produjeron el declive de la elocuencia y del saber en Roma, impidiendo que nacieran grandes escritores después del fin del régimen republicano: «Ese afán insaciable de lucro que a todos nos infecta […] es lo que nos esclaviza […]. La avaricia es, ciertamente, un mal que envilece» (XLIV, 6). Siguiendo estos falsos ídolos, el hombre egoísta no dirige «ya su mirada hacia lo alto» y «la grandeza espiritual» acaba marchitándose (xliv, 8). En esta degradación moral, cuando «se cumple la paulatina corrupción de la existencia», no queda espacio para ningún tipo de sublimidad (xliv, 8). Pero lo sublime, nos recuerda todavía el Pseudo-Longino, para existir requiere también libertad: «La libertad, se dice, es capaz por sí sola de alimentar los sentimientos de las almas nobles, de dar alas a la esperanza» (xliv, 2).

También Giordano Bruno atribuye al amor por el dinero la destrucción del conocimiento y de los valores esenciales sobre los que se funda la vida civil: «La sabiduría y la justicia—escribe en *De immenso*—empezaron a abandonar la Tierra en el momento en que los doctos, organizados en sectas, comenzaron a usar su doctrina por afán de lucro. [...] La religión y la filosofía han quedado anuladas por culpa de tales actitudes; los Estados, los reinos y los imperios están trastornados, arruinados, los bandidos como los sabios, los príncipes y los pueblos».

Incluso John Maynard Keynes, padre de la macroeconomía, reveló en una conferencia de 1928 que los «dioses» en los que se funda la vida económica son inevitablemente genios del mal. De un mal *necesario* que «por lo menos durante otros cien años» nos forzaría a «fingir, nosotros mismos y todos los demás, que lo justo es malo, y lo malo es justo, porque lo malo es útil y lo justo no lo es». La humanidad, por consiguiente, debería continuar (¡hasta 2028!) considerando «la avaricia, la usura y la cautela» como vicios indispensables para «sacarnos del túnel de la necesidad económica y llevarnos a la luz del día». Y sólo entonces, alcanzado el bienestar general, los nietos—¡el título del ensayo, *Las posibilidades económicas de nuestros nietos*, es muy elocuente!—podrían por fin entender que lo bueno es siempre mejor que lo útil:

Nos vemos libres, por lo tanto, para volver a algunos de los principios más seguros y ciertos de la religión y virtud tradicionales: que la avaricia es un vicio, que la práctica de la usura es un delito y el amor al dinero es detestable, que aquellos que siguen verdaderamente los caminos de la virtud y la sana sabiduría son los que menos piensan en el mañana. Una vez más debemos valorar los fines por encima de los medios y preferir lo que es bueno a lo que es útil. Honraremos a todos cuantos puedan enseñarnos cómo podemos aprovechar bien y virtuosamente la hora y el día, la gente deliciosa que es capaz de disfrutar directamente de las cosas, los lirios del campo que no trabajan ni hilan.

Aunque la profecía de Keynes no se haya cumplido—la economía dominante, por desgracia, insiste hoy en día en mirar tan sólo a la producción y el consumo, despreciando todo aquello que no sirve a la lógica utilitarista del mercado y, en consecuencia, continuando con el sacrificio de las «artes de la vida» al lucro—, aun así su sincera convicción no deja de ser valiosa para nosotros: la auténtica esencia de la vida coincide con lo bueno (con aquello que las democracias comerciales han considerado siempre inútil) y no con lo útil.

Una decena de años más tarde, desde un ángulo muy distinto, también Georges Bataille se preguntó, en *El límite de lo útil*, sobre la necesidad de pensar una economía atenta a la dimensión del antiutilitarismo. A diferencia de Keynes, el filósofo francés no se hizo ilusiones sobre los presuntos *nobles propósitos* de los procesos utilitaristas, porque «el capitalismo no tiene nada que ver con el deseo de mejorar la condición humana». Sólo a primera vista parece tener «por objeto la mejora del nivel de vida», pero se trata de una «perspectiva engañosa». De hecho, «la producción industrial moderna eleva el nivel medio sin atenuar la desigualdad de las clases y, en definitiva, sólo palía el malestar social por casualidad» (III, 1, 3, pp. 59-60). En este contexto, tan sólo lo *excedente*—cuando no se utiliza «en función de la productividad»—puede asociarse con «los resultados más bellos del arte, la poesía, el pleno vigor de la vida humana». Sin esta energía *superflua*, alejada de la acumulación y el aumento de las riquezas, sería imposible liberar la vida «de consideraciones serviles que dominan un mundo consagrado al incremento de la producción» (p. 378).

No obstante, George Steiner—gran defensor de los clásicos y de los valores humanísticos «que privilegian la vida de la mente»—ha recordado que, al mismo tiempo, de manera dramática «la elevada cultura y el decoro ilustrado no ofrecieron ninguna protección contra la barbarie del totalitarismo». En numerosas ocasiones, por desgracia, hemos visto pensadores y artistas que se mostraban indiferentes ante opciones feroces o, incluso, moralmente *cómplices* de dictadores y regímenes que las ponían en práctica. Es cierto. El grave problema planteado por Steiner me hace venir a la cabeza el estupendo diálogo entre Marco Polo y Kublai Kan que cierra las *Ciudades invisibles* de Italo Calvino. Apremiado por las preocupaciones del soberano, el infatigable viajero nos ofrece un dramático fresco del infierno que nos rodea:

El infierno de los vivos no es algo que será; hay uno, es aquel que existe ya aquí, el infierno que habitamos todos los días, que formamos estando juntos. Dos maneras hay de no sufrirlo. La primera es fácil para muchos: aceptar el infierno y volverse parte de él hasta el punto de no verlo más. La segunda es peligrosa y exige atención y aprendizaje continuos: buscar y saber reconocer quién y qué, en medio del infierno, no es infierno, y hacerlo durar y darle espacio.

¿Pero qué podrá ayudarnos a entender, en medio del infierno, lo que no es infierno? Es difícil responder de manera categórica a esta cuestión. El mismo Calvino en su ensayo *Por qué leer los clásicos*, aun reconociendo que los «clásicos sirven para entender quiénes somos y adónde hemos llegado», nos pone en guardia contra la idea de que «los clásicos se han de leer porque "sirven" para algo». Al mismo tiempo, no obstante, Calvino sostiene que «leer los clásicos es mejor que no leer los clásicos».

La cultura, como el amor, no posee la capacidad de exigir—observa con razón Rob Riemen—. No ofrece garantías. Y, sin embargo, la única oportunidad para conquistar y proteger nuestra dignidad humana nos la ofrece la cultura, la educación liberal.

Por tal motivo creo que, en cualquier caso, es *mejor* proseguir la lucha pensando que los clásicos y la enseñanza, el cultivo de lo superfluo y de lo que no supone beneficio, pueden de todos modos ayudarnos a *resistir*, a mantener viva la esperanza, a entrever el rayo de luz que nos permitirá recorrer un camino decoroso.

Entre tantas incertidumbres, con todo, una cosa es cierta: si dejamos morir lo gratuito, si renunciamos a la fuerza generadora de lo inútil, si escuchamos únicamente el mortífero canto de sirenas que nos impele a perseguir el beneficio, sólo seremos capaces de producir una colectividad enferma y sin memoria que, extraviada, acabará por perder el sentido de sí misma y de la vida. Y en ese momento, cuando la desertificación del espíritu nos haya ya agotado, será en verdad difícil imaginar que el ignorante *homo sapiens* pueda desempeñar todavía un papel en la tarea de hacer más humana la humanidad...

NOTA

En este ensayo han confluido una serie de reflexiones disper-
sas que en los últimos diez años he anticipado en distintas intervenciones, entre las cuales la conferencia dictada en abril de
2012 en la Universidade Federal do Rio Grande do Sul en Porto
Alegre, con motivo de la concesión de un doctorado *honoris causa*. Querría dar las gracias al amigo Irving Lavin, del Institute for
Advanced Study de Princeton, por haberme señalado el ensayo
de Abraham Flexner. En junio de 2011, en el curso de una mesa
redonda desarrollada en Nápoles en la sede del Istituto Italiano
per gli Studi Filosofici, Lavin, sorprendido por el título de mi
intervención *L'utile inutilità delle discipline umanistiche*, me hizo
el regalo de estas páginas de Flexner que yo no conocía. Gerardo
Marotta, presidente del Istituto, ha dedicado toda su vida y sus
recursos económicos a la defensa de los clásicos y la cultura. Este
trabajo es deudor de inolvidables y apasionadas conversaciones
inútiles con George Steiner y Alain Segonds. Sin mis estudiantes
de la Universidad de Calabria y las varias universidades extranje-
ras en las que he enseñado durante estos años difícilmente habría
podido entender muchos aspectos de la utilidad de lo inútil.

La versión italiana, aumentada con nuevos párrafos y nuevas citas con respecto a la primera edición francesa, la he realizado durante mi estancia en Berlín (marzo-junio de 2013) en
calidad de *Visiting Scholar* en el Max-Planck-Institut für Wissen-
schaftsgeschichte: al director Jürgen Renn, y a los colegas con
los que he discutido los temas desarrollados en el volumen, les
expreso mi inmensa gratitud. Mi profundo agradecimiento también a Jaume Vallcorba por el generoso entusiasmo con el que ha
querido acoger el libro en su prestigiosa editorial.

PRIMERA PARTE

LA ÚTIL INUTILIDAD
DE LA LITERATURA

> Gavroche, en efecto, estaba en su casa.
> ¡Oh, utilidad increíble de lo inútil!
>
> VICTOR HUGO,
> *Los miserables*

1. «QUIEN NO HA NO ES»

En un relato autobiográfico, Vincenzo Padula—un clérigo revolucionario que vivió en un pueblo de Calabria entre 1819 y 1893—recuerda la primera lección de vida aprendida en familia, cuando todavía era un joven estudiante. Tras dar una respuesta insatisfactoria a una insidiosa pregunta de su padre («¿Cómo es que en el alfabeto de cualquier lengua la *A* va antes y la *E* después?»), el seminarista escucha con viva curiosidad la explicación que le ofrece su progenitor: «En este mundo miserable el que *ha es*, y el que no *ha* no *es*»;[1] por eso la letra *a* precede siempre a la letra *e*. Pero hay algo más: quienes no tienen constituyen «en la sociedad civil» la masa de las *consonantes*, «porque *consuenan* con la *voz* del rico y se conforman a sus actos, y el rico es la *vocal*, y sin ella no creo que la consonante pueda sonar». A casi dos siglos de distancia, la imagen de una sociedad dicotómica rígidamente diferenciada en amos y siervos, en ricos explotadores y pobres degradados a la condición de

---

[1]   El juego de palabras es más claro en el original italiano: «chi *à è, e chi non à non è*». (*N. del T.*).

animales, tal como la había descrito Padula, no corresponde ya, o apenas, al retrato del mundo en el que vivimos.
Persiste sin embargo, en formas muy distintas y más sofis-
ticadas, una supremacía del *tener* sobre el *ser*, una dictadura del beneficio y la posesión que domina cualquier ámbito
del saber y todos nuestros comportamientos cotidianos. El
aparentar cuenta más que el *ser*: lo que se muestra—un automóvil de lujo o un reloj de marca, un cargo prestigioso o
una posición de poder—es mucho más valioso que la cultura o el grado de instrucción.

2. ¡LOS SABERES SIN BENEFICIOS SON INÚTILES!

No por azar en las últimas décadas a las disciplinas humanísticas se las considera inútiles, se las margina no sólo en los
programas escolares sino sobre todo en los capítulos de
los presupuestos estatales y en los fondos de las entidades
privadas y las fundaciones. ¿Para qué gastar dinero en un
ámbito condenado a no generar beneficios? ¿Por qué des-
tinar fondos a saberes que no aportan un rápido y tangible
rendimiento económico?

En este contexto basado exclusivamente en la necesidad
de pesar y medir con arreglo a criterios que privilegian la
quantitas, la literatura (pero el mismo discurso, como vere-
mos enseguida, podría valer para otros saberes humanísticos, así como para los saberes científicos sin un propósito utilitarista inmediato) puede por el contrario asumir una función fundamental, importantísima: precisamente el hecho
de ser inmune a toda aspiración al beneficio podría consti-
tuir, por sí mismo, una forma de resistencia a los egoísmos
del presente, un antídoto contra la barbarie de lo útil que ha

llegado incluso a corromper nuestras relaciones sociales y nuestros afectos más íntimos. Su existencia misma, en efecto, llama la atención sobre la *gratuidad* y el *desinterés*, valores que hoy se consideran contracorriente y pasados de moda.

3. ¿QUÉ ES EL AGUA?
UNA ANÉCDOTA DE FOSTER WALLACE

Por este motivo al inicio de cada año académico me gusta leer a mis alumnos un pasaje de un discurso pronunciado por David Foster Wallace ante los graduandos del Kenyon College, en Estados Unidos. El escritor—muerto trágicamente en 2008, a los cuarenta y seis años—se dirige el 21 de mayo de 2005 a sus estudiantes refiriendo una breve historia que ilustra de manera magistral el papel y la función de la cultura:

Había una vez dos peces jóvenes que iban nadando y se encontraron por casualidad con un pez más viejo que nadaba en dirección contraria; el pez más viejo los saludó con la cabeza y les dijo: «Buenos días, chicos. ¿Cómo está el agua?». Los dos peces jóvenes siguieron nadando un trecho; por fin uno de ellos miró al otro y le dijo: «¿Qué demonios es el agua?».

El mismo autor nos brinda la clave de lectura de su relato:

El sentido inmediato de la historia de los peces no es más que el hecho de que las realidades más obvias, ubicuas e importantes son a menudo las que más cuesta ver y las más difíciles de explicar.

Como les sucede a los dos peces más jóvenes, no nos damos cuenta de qué es en verdad el *agua* en la que vivimos cada minuto de nuestra existencia. No tenemos, pues, conciencia de que la literatura y los saberes humanísticos, la cultura y la enseñanza constituyen el líquido amniótico ideal en el que las ideas de democracia, libertad, justicia, laicidad, igualdad, derecho a la crítica, tolerancia, solidaridad, bien común, pueden experimentar un vigoroso desarrollo.

4. LOS PESCADITOS DE ORO DEL CORONEL BUENDÍA

Permítaseme detenerme un momento en una novela que ha hecho soñar a varias generaciones de lectores. Pienso en *Cien años de soledad* de Gabriel García Márquez. Quizá sea posible reencontrar en la lúcida locura de Aureliano Buendía la fecunda inutilidad de la literatura. Encerrado en su taller secreto el coronel revolucionario fabrica pescaditos de oro a cambio de monedas de oro que después se funden para producir de nuevo otros pescaditos. Círculo vicioso que no escapa a las críticas de Úrsula, a la mirada afectuosa de la madre que se preocupa por el futuro del hijo:

Con su terrible sentido práctico, ella [Úrsula] no podía entender el negocio del coronel, que cambiaba los pescaditos por monedas de oro, y luego convertía las monedas de oro en pescaditos, y así sucesivamente, de modo que tenía que trabajar cada vez más a medida que más vendía, para satisfacer un círculo vicioso exasperante. En verdad, lo que le interesaba a él no era el negocio sino el trabajo (p. 184).

Por lo demás, el coronel mismo confiesa que «sus únicos instantes felices, desde la tarde remota en que su padre lo llevó a conocer el hielo, habían transcurrido en el taller de platería, donde se le iba el tiempo armando pescaditos de oro»:

Había tenido que promover treinta y dos guerras—sigue aclarando García Márquez—, y había tenido que violar todos sus pactos con la muerte y revolcarse como un cerdo en el muladar de la gloria, para descubrir con casi cuarenta años de retraso los privilegios de la simplicidad (p. 158).

Es probable que el acto creativo que da vida a lo que denominamos literatura se base precisamente en esta *simplicidad*, motivada tan sólo por un auténtico gozo y ajena a cualquier aspiración al beneficio. Un acto gratuito, exento de finalidad precisa. Capaz de eludir cualquier lógica comercial. Inútil, por lo tanto, porque no puede ser monetizado. Pero necesario para expresar con su misma existencia un valor alternativo a la supremacía de las leyes del mercado y el lucro.

5. DANTE Y PETRARCA: LA LITERATURA NO DEBE SOMETERSE AL LUCRO

Sobre estos temas, por lo demás, se habían expresado ya con claridad también algunos padres fundadores de la literatura occidental. Por citar sólo un ilustre ejemplo, Dante condena en el *Convite* a aquellos pseudo-literatos que no «adquieren las letras para su uso» sino sólo para servirse de ellas con ánimo de lucro:

Y como reproche de ellos afirmo que no deben ser llamados letrados, porque no adquieren las letras para su uso, sino para ganar dineros o dignidades con ellas; de la misma manera que no debe ser llamado citarista quien tiene la cítara en casa para prestarla a cambio de dinero y no para usarla tocando.

Las «letras», por lo tanto, nada tienen que ver con fines

utilitaristas e indignos ligados a la acumulación de dinero. El mismo Petrarca consagra al amor desinteresado a la sabiduría una serie de reflexiones en prosa y en verso, orientadas a denunciar el desprecio de la «turba» extraviada que sólo vive para amasar riquezas:

> Pobre y desnuda vas, filosofía,
> dice la turba atenta al vil negocio.

En este célebre soneto del *Cancionero*, el poeta anima a un ilustre amigo suyo a no abandonar la «empresa magnánima» de componer obras, aunque la dura fatiga vaya a ser recompensada, en el mejor de los casos, tan sólo con la noble gloria del mirto y el laurel:

> La gula, el sueño, y las ociosas plumas
> toda virtud del mundo han desterrado,
> y así nuestra natura perdió casi
> su camino vencida en la costumbre;
>
> y está tan apagado el buen influjo
> del cielo, que lo humano configura,
> que por cosa admirable se señala
> quien quiere de Helicón que nazca un río.
>
> ¿Qué anhelo de laurel? ¿Y cuál de mirto?
> Pobre y desnuda vas, filosofía,
> dice la turba atenta al vil negocio.
>
> A pocos hallarás por la otra senda,
> por lo cual, alma noble, más te pido
> que tu empresa magnánima no dejes.

[La gola e 'l somno et l'otïose piume | ànno del mondo ogni vertù sbandita, | ond'è dal corso suo quasi smarrita | nostra natura vinta dal costume || et è sì spento ogni benigno lume | del ciel, per cui s'informa humana vita, | che per cosa mirabile s'addita | chi vòl far d'Elicona nascer fiume || Qual vaghezza

di lauro, qual di mirto? | *Povera et nuda vai, Philosophia,* | *dice la turba al vil guadagno intesa* || *Pochi compagni avrai per l'altra via;* | *tanto ti prego più, gentile spirto:* | *non lassar la magnanima tua impresa*].

6. LA LITERATURA UTÓPICA Y LOS ORINALES DE ORO

El mismo desprecio por el dinero, por el oro, por la plata y por toda actividad encaminada al lucro y el comercio se encuentra también en la literatura utópica del Renacimiento. En aquellas famosas islas, situadas en lugares misteriosos y lejanos respecto de la civilización occidental, se condena toda forma de propiedad individual en nombre del interés colectivo. A la rapacidad de los individuos se le contrapone un modelo fundado en el amor al bien común. Dejando de lado las indiscutibles diferencias entre estos textos y las limitaciones objetivas de algunos aspectos de la organización social que se propone en ellos, aparecen de manera inequívoca severas críticas a una realidad contemporánea en la que impera el desprecio por la justicia social y el saber. A través de la literatura utópica, en suma, los autores muestran los defectos y las contradicciones de una sociedad europea que ha perdido los valores esenciales de la vida y la solidaridad humana.

En la *Utopía* (1516) de Tomás Moro, texto fundador del género, los isleños detestan el oro a tal punto que lo destinan a la fabricación de orinales:

Ellos, por el contrario, comen y beben en platos y copas de arcilla o de vidrio, extremadamente graciosos a veces, pero sin valor alguno, mientras que el oro y la plata sirven, no sólo en los edificios comunes, sino en las casas particulares, para hacer la vasijas destinadas a los usos más sórdidos y aun los orinales. [...] Así cuidan por todos los medios que el oro y la plata sean tenidos entre ellos en ignominia (II, pp. 117-118).

Para los utopianos, en efecto, allí donde «exista la propiedad privada [...] todo se mide por el dinero», impidiendo «que en el Estado reinen la justicia y la prosperidad»:

A menos de considerar justo un Estado en que lo mejor pertenece a los peores y próspero un país en que un puñado de individuos se reparten todos los bienes [...] (I, p. 87).

De modo semejante, en *La Ciudad del Sol* (1623) de Tommaso Campanella, los solares reconocen en la propiedad y el afán de poseer las causas principales de la corrupción, que impelen al hombre a convertirse en «depredador público»:

Dicen [los solares] que toda propiedad nace y se fomenta por el hecho de que tenemos cada uno domicilios propios y separados, hijos y mujeres propios. De ahí surge el amor propio, pues para elevar al hijo a las riquezas y dignidades y para dejarlo heredero de muchos bienes, nos volvemos cada uno [...] un depredador público [...] (p. 16).

Campanella, que sitúa la sabiduría en el centro de su *civitas*, está convencido de que «las riquezas [hacen a los hombres] insolentes, soberbios, ignorantes, traidores, faltos de amor, presuntuosos en su ignorancia» (p. 40). Los solares—al contrario que los españoles que «andan buscando nuevas regiones llevados del deseo de oro y riquezas» (p. 89)—viajan sólo para adquirir nuevos conocimientos.

Incluso Francis Bacon—que en la literatura utópica ocupa un lugar aparte, no sólo porque la propiedad no es proscrita en su *Nueva Atlántida* (1627)—se cuida con todo de subrayar que sus isleños no comercian «por oro, plata o joyas, ni por sedas, ni por especias, ni por algún otro avío de material», sino sólo para acrecentar el conocimiento, para recoger información sobre «invenciones de todo el mundo» y para procurarse «libros [...] de toda clase» (p. 194). Y aunque los principios elitistas que inspiran la Casa de Salomón se fundan en el progreso ilustrado, en un saber práctico y una técnica ligada a las necesidades de la humanidad, el proyecto de Bacon, como sugiere Raymond Trousson, «no tiene carácter económico» sino que se basa sobre todo en las «exigencias de una ciencia moderna».

Perseguir el bienestar, permitir la circulación del oro y la plata (p. 182), significa también ajustar cuentas con las ambigüedades de la técnica y con los peligros de la corrupción. En esta isla, en efecto, los funcionarios se consideran leales servidores del Estado y el bien común. Y su código ético les impide aceptar regalos en dinero, como relatan atónitos los extranjeros llegados casualmente a Bensalem:

Con esto nos dejó [el funcionario] y cuando le ofrecimos algunos pistoletes dijo riendo que «no debía ser pagado dos veces por un solo trabajo», dando a entender (opino yo) que tenía un salario suficiente del Estado por sus servicios. Porque, como aprendí más tarde, a un oficial que aceptaba recompensas le decían *pagado dos veces* (p. 178).

7. JIM HAWKINS: ¿BUSCADOR DE TESOROS O NUMISMÁTICO?

Pero las islas fantásticas no sólo han sido modelos de sociedad en los que se desprecian las riquezas y la injusticia. Robert Louis Stevenson, en una de las más célebres novelas de aventuras, ha hecho de ellas también un mítico lugar donde las historias de piratas y homicidios se entrelazan con enormes fortunas. En *La isla del tesoro* todo el relato gira en torno a un tormentoso viaje de la *Hispaniola* para recuperar el increíble botín enterrado por el capitán Flint en un oscuro atolón del Mar de las Antillas:

Cuánto habría costado reunirlo, en términos de sangre y padecimientos, cuántos barcos había enviado al fondo del mar, cuántos valientes habrían tenido que caminar con los ojos vendados por la tabla de madera, cuántos cañonazos, engaños, mentiras, cuánta crueldad. Seguro que nadie sabría echar las cuentas (xxxiii, p. 306).

En un convulso diálogo con el doctor Livesey, el caballero Trelawney no sólo no esconde su admiración por el bucanero Flint («Tanto miedo le tenían los españoles que, a veces, me atrevo a decir que hasta estaba orgulloso de que fuera inglés»; vi, p. 93), sino que crea de inmediato una compañía con el fin de armar una nave y partir a la conquista del enorme capital que los piratas habían acumulado de manera ilícita. Esta empresa, como sugiere Geminello Alvi, revela al mismo tiempo la «doblez de los dos caballeros» y la relación de «parentesco entre la industria societaria de la piratería y los capitalistas». Así, los nuevos *conquistadores*, listos para apropiarse de las rapiñas del mítico Flint, se apresuran a cazar la ocasión al vuelo:

—¡Dinero!—exclamó Mr. Trelawney—, ¿es que no conoce la historia? ¿A qué cree usted que se dedicaban esos bribones? ¿Qué otra cosa podría interesarles excepto el dinero? ¿Por qué otra cosa se arriesgarían a perder el miserable pellejo sino por dinero? (vi, p. 94).

36

También el joven Hawkins, protagonista de la novela, se embarca con sus *socios*. Y después de haber superado mil travesías y haber arriesgado muchas veces la vida, el muchacho finalmente llega a la gruta donde habían escondido el colosal botín. Pero entonces el lector se enfrenta a un golpe de efecto: una vez ha tomado posesión de la fortuna reunida sin escrúpulos por los corsarios, Jim empieza a embalar los tesoros para transportarlos a la nave, mostrando una total indiferencia por el valor material de las monedas:

Era un colección muy extraña; en lo tocante a la variedad de monedas era como el tesoro de Billy Bones, pero era mucho más grande y mucho más variado, y creo que pocas veces he tenido mayor placer que el que me proporcionó la clasificación de aquellas monedas. Inglesas, francesas, españolas, portuguesas, del rey Jorge, luises, doblones, y guineas de a dos, moidores y cequíes, retratos de todos los monarcas europeos durante los últimos cien años, raras monedas orientales que mostraban extraños haces de cuerdas o trozos de tela de araña, monedas redondas y cuadradas, monedas con un agujero en medio, como para llevarlas colgadas del cuello; todas las monedas del mundo, según creo, estaban representadas en aquella colección; en cuanto al número, eran como las hojas de otoño, de modo que me dolía la espalda de tanto agacharme y me dolían los dedos de manipularlas para contarlas (xxxiv, pp. 308-309).

Al final de un tormentoso recorrido iniciático en el que aprende sobre todo a conocer los distintos rostros del mal, el muchacho protagonista de la novela mira aquellas piezas de oro y plata con el estupor del numismático principiante, sin experimentar ninguna atracción por el poder adquisitivo que comportan. A diferencia de los ávidos miembros de la tripulación, se entretiene en catalogar las monedas, fascinado por la variedad de las caras de los soberanos representados y por la extrañeza de los dibujos grabados. Como si su valor, exento de cualquier interés económico, se limitara exclusivamente a la esfera histórico-artística. ¡Tantos riesgos para descubrir, al final de la aventura, que el verdadero tesoro no consiste en los doblones y los cequíes sino en la cultura de la que ellos mismos son expresión! Así—en sintonía con la convicción de Stevenson, manifestada explícitamente en otros sitios, de que el *ser* es más valioso que el *tener*—, en el misterioso atolón de las Antillas Jim entiende, gracias a una inútil *curiositas*, que aquellos grabados valen mucho más que su cotización venal porque, además de testimoniar diversas expresiones de lo bello, documentan también momentos memorables de las vicisitudes de pueblos y reinos. Ya inmune a la fiebre del oro, en las líneas finales confiesa no sentir ninguna pena por los lingotes que han quedado sepultados en la isla:

Por lo que yo sé, los lingotes de plata y las armas están todavía donde Flint los dejó, bajo tierra; por mí ahí pueden seguir. Ni arrastrado por una yunta de bueyes me llevarían de regreso a la maldita isla (xxxiv, p. 314).

8. «EL MERCADER DE VENECIA»: LA LIBRA
DE CARNE, EL REINO DE BELMONTE Y LA
HERMENÉUTICA DEL SILENO

Pero también Shakespeare imagina un reino inmune a la fiebre del beneficio. En la tierra firme véneta se ubica uno de los dos escenarios en los que se ambienta la trama de *El mercader de Venecia*. En el fantástico reino de Belmonte, en efecto, el oro y la plata se desprecian, como se infiere de los versos contenidos en los cofres ligados a la elección del futuro marido de la bella y sabia Porcia. El Príncipe de Marruecos—que prefiere abrir el cofre de oro con la inscripción «QUIEN ME ELIJA, OBTENDRÁ LO QUE MUCHOS DESEAN» (II. 7, 37)—, en vez de encontrar el retrato de la anhelada esposa, sufrirá la befa de los versos redactados en un pergamino inserto en los «ojos vacíos» de una «podrida calavera»:

> No todo lo que brilla ha de ser oro:
> siempre oíste decir al mundo a coro.
> Ha vendido su vida mucha gente
> por mirarme por fuera solamente:
> no hay tumba de oro sin gusano y lloro.
> Si fueras tan sensato como osado,
> joven de cuerpo y viejo en buen sentido,
> tal respuesta no habrías recibido:
> adiós: tu pretensión ha fracasado (II. 7, 65-73).

La misma suerte corresponde al Príncipe de Aragón atraído por el cofre de plata en el que está grabada la promesa «QUIEN ME ELIJA, OBTENDRÁ TANTO COMO MERECE» (II. 7, 5). Y, en lugar de obtener a Porcia, recibirá un áspero reproche:

> Siete veces el fuego me ha probado:
> siete veces probada es la razón
> que nunca se equivoca en su elección:
> hay quien tan sólo sombras ha besado,
> quien es feliz con sólo sombra al lado:
> y hay tontos de preciosa tontería
> plateada, y así pasa con este.
> Da igual qué esposa contigo se acueste:
> tu cabeza será siempre la mía:
> así que vete: cesa en tu porfía (II. 9, 63-72).

Entre tantos pretendientes, sólo el «letrado» Bassanio (I. 2, 107) sabrá elegir con acierto. Sus palabras, de hecho, parecen anticipar los versos que hallará escondidos, poco después, en el cofre de plomo, en el cual está grabada la advertencia: «QUIEN ME ELIJA, DEBE DAR Y ARRIESGAR TODO LO QUE TIENE» (II. 7, 9):

Así, las apariencias exteriores pueden ser menos de lo que son: el mundo siempre se engaña con el ornamento. En la justicia, ¿qué alegato hay tan manchado y corrompido que, sazonado con voz graciosa, no oscurezca la apariencia del mal? En religión, ¿qué error hay tan condenado que no encuentre alguna seria frente que lo bendiga y autorice con un texto sagrado, ocultando su monstruosidad con bello ornamento? No hay vicio tan sincero que no asuma alguna señal de virtud en su exterior: ¡cuántos cobardes cuyos corazones son tan falsos como escaleras de arena, ostentan en sus barbillas las barbas de Hércules y del ceñudo Marte, cuando, si se les explora por dentro, tienen unos hígados tan blancos como la leche, y asumen las excrecencias del valor sólo para hacerse temer! (III. 2, 73-88).

Bassanio no desea acumular dinero y no se cuida de su patrimonio («No ignoras, Antonio, cuánto he perjudicado mi hacienda por mostrar un aspecto más lujoso de lo que me permitían continuar mis escasos medios»; I. 1, 122-127). Y aunque en un primer momento el matrimonio con Porcia parezca formar parte de una estrategia para reembolsar las deudas (como confesará a Antonio: «[...] y por tu cariño tengo confianza para revelarte todos mis planes y propósitos para salir de todas la deudas»; I. 1, 132-134), cuando se enfrenta a los cofres en la residencia imaginaria, el pretendiente expresa una visión del mundo centrada en la dialéctica realidad | apariencia. Para el joven veneciano, el aspecto exterior de lo que se manifiesta ante nuestros ojos es engañoso. Hay que saber ver más allá de la superficie para entender que con mucha frecuencia las mentiras se presentan enmascaradas de verdad y que tras el esplendor del oro y la plata se ocultan infinitas insidias:

Así el ornamento no es sino la pérfida orilla de un peligrosísimo mar: el hermoso velo que oculta una belleza india; en una palabra, la verdad aparente que los astutos tiempos ponen para cazar en trampa a los más listos. Así pues, tú, oro fastuoso, duro alimento de Midas, no quiero nada contigo; ni nada contigo, pálida mediadora común entre hombre y hombre; sino contigo, pobre plomo, que más bien amenazas en vez de prometer nada: tu sencillez me conmueve más que la elocuencia, y aquí elijo: ¡alegría sea la consecuencia! (III. 2, 97-107).

No por azar en el cofre más humilde, el de plomo, Bassanio encontrará el retrato de la amada y los versos que premian su sabiduría: «Tú, que no eliges por lo que se ve, ten ahora fortuna de verdad» (III. 2, 131-132). El amante, por lo tanto, conquista a Porcia inspirándose en la figura del sileno que había sido relanzada muchas veces en el Renacimiento por diversos autores (entre ellos Pico, Erasmo, Rabelais, Ronsard, Tasso y Bruno). Fundada en el *topos* del Sócrates-sileno descrito por Alcibíades en el *Banquete*, esta imagen se convierte en un instrumento hermenéutico para explicar el funcionamiento de los textos y el mundo: debe rebasarse necesariamente la corteza para descubrir, tras la apariencia, la verdadera esencia de las cosas. El envoltorio, en definitiva, no cuenta. Un precepto que vale para juzgar no sólo las palabras, sino también las cosas y los hombres.

En Venecia, por el contrario, prevalecen valores opuestos a los defendidos en el reino de Belmonte. Aquí—en un contexto en el que afloran una serie de conflictos sociales y religiosos—los temas de la usura y el comercio dominan la escena a tal punto que los mismos seres humanos son equipara-

dos a mercancías y monedas. Antonio, para ayudar a Bassanio, pide al judío Shylock un préstamo de tres mil ducados.
El mercader veneciano sabe bien a qué peligro se expone (el
acreedor es descrito como un sileno invertido: «[…] un alma
mala, mostrando testimonio sagrado, es como un bribón con
cara sonriente, una hermosa manzana de corazón podrido.
¡Ah, qué buen exterior tiene la falsía!»; I. 3, 96-99). La indemnización acordada, en efecto, no es en dinero, sino que
consiste en una libra de carne que el acreedor mismo podrá
cobrar cortando el cuerpo del deudor («La indemnización
se fijará en una libra exacta de vuestra hermosa carne, para
ser cortada y quitada de la parte de vuestro cuerpo que me
plazca»; I. 3, 146-148). Y al no poder satisfacer el contrato,
a causa de la frustrada vuelta de sus naves, Antonio es conducido a los tribunales por el rico usurero que, sin más de-
mora («Quiero tener su corazón»; III. 1, 117), pretende que
se cumplan los acuerdos.

A la inhumanidad que muchas veces se le reprocha a
Shylock le hace eco la inhumanidad que, en la escena pre-
cedente, el mismo judío había reprochado a los cristianos:

Un judío ¿no tiene ojos? ¿No tiene un judío manos, órganos,
dimensiones, sentidos, afectos, pasiones? ¿No se alimenta con la
misma comida, no es herido por las mismas armas, no está sujeto
a las mismas enfermedades, no se cura por los mismos medios,
no se enfría y se calienta con el mismo invierno y el mismo verano
que un cristiano? Si nos pincháis, ¿no sangramos? Si nos hacéis
cosquillas, ¿no nos reímos? Y si nos ofendéis, ¿no nos vamos a
vengar? (III. 1, 53-61)

Corresponderá a Porcia—bajo el ropaje de Baltasar,
«doctor en leyes»—dirimir el conflicto. El contrato deberá
cumplirse al pie de la letra. El judío deberá cortar con toda

precisión lo que le pertenece: una libra de carne, sin una gota de sangre, pero ni un gramo más, ni un gramo menos. La indemnización se pesará con una balanza de orfebre y, a la mínima variación, Shylock perderá vida y bienes («Así que prepárate a cortar la carne. No viertas sangre, ni cortes más ni menos sino una libra justa de carne: si tomas más o menos de una libra justa, aunque sea lo que la haga más ligera o mas pesada en el peso o parte de la vigésima parte de un pobre gramo, más aún, si la balanza se inclina en la diferencia de un pelo, mueres y todos tus bienes quedan confiscados»; IV. I, 321-329). No se debe derramar sangre de un ciudadano veneciano, cierto. Pero, al mismo tiempo, precisamente lo *superfluo* (lo que excede) o una variación cualquiera de *medida* (lo que falta) disuadirán al acreedor de reivindicar la letra del contrato.

Porcia, al menos por un momento, recordará a Shylock y a Antonio que las leyes del dinero y la usura no pueden transformar a los hombres mismos en mercancías. Sean judíos o cristianos—el falso Baltasar no distingue deliberadamente al uno del otro: «¿Quién es aquí el mercader, y quién el judío?» (IV. I, 171)—ningún contrato autoriza a equiparar la carne humana con un producto cualquiera de mercado. La vida, contrariamente a cuanto piensa el acreedor, no se identifica con el dinero («Me quitáis la vida cuando me quitáis los medios con que vivo»; IV. I, 373-374). Y la bella señora del reino de Belmonte lo atestigua en primera persona, cuando rechaza cualquier compensación por su trabajo («Bien pagado queda el que queda bien satisfecho; y al libraros, quedo satisfecho, y por ello me considero bien pagado: mi ánimo no ha sido nunca mercenario»; IV. I, 411-414).

Una confirmación indirecta de la centralidad del tema de la usura y el dinero en esta *pièce* procede de los agudos análisis de Karl Marx, que evoca a Shylock en varias obras. Dejando de lado la controvertida interpretación de su concepción de la «cuestión judía», Marx está convencido de que el protagonista de *El mercader de Venecia* se convierte en la encarnación del capitalismo, marcando la transición «del usurero al acreedor moderno». Así, el fantasma de Shylock—que nada tiene que ver con el judío de carne y hueso—deviene, en los escritos que consagra a la usura, metáfora del capital y de la alienación del hombre reducido a dinero y mercancía:

Como el judío, como Shylock—expone Luciano Parinetto en su ensayo dedicado a Marx y al personaje shakespeariano—, el capital posee una nacionalidad quimérica porque, así como no tiene miramientos con nadie, carece igualmente de fronteras: dentro o fuera de la nación *pretende su libra de carne*. Por eso el judío fabulado, apátrida por definición, lo personifica tan ejemplarmente. Es una ulterior corroboración de cuanto Marx había escrito en 1843: «La quimérica nacionalidad del judío es la nacionalidad del comerciante, del hombre de negocios en general».

Ante el ambiguo juego de los opuestos que Shakespeare escenifica hábilmente en esta misteriosa y compleja comedia, creo que la hermenéutica del sileno puede ayudar a entender las inversiones entre realidad y apariencia, entre verdad y ficción. Un juego, como oportunamente ha puesto de relieve Franco Marenco, que compromete también la esencia misma de la palabra, cuyo sentido oscila entre el valor literal y el figurado. Así, los temas de la usura, del comercio, del crédito y la deuda, del derroche y la acumulación, de la clemencia, del amor heterosexual y homosexual, de la melancolía y la alegría, del conflicto entre judíos y cristianos, de las tensiones religiosas entre radicales y moderados, de las ambiguas relaciones entre oprimidos y opresores, remiten a la relación dialéctica entre *res* y *verba* (*intus* y *extra*) que domina cada aspecto de la *pièce*.

La misma escena puede asumir significados distintos. Todo depende del punto de vista desde el cual se interpreten los gestos y las palabras de quien actúa. El judío Shylock es víctima y verdugo al mismo tiempo, igual que víctimas y verdugos son los cristianos que se enfrentan con él. Ante la misma situación, hay quien ríe y hay quien llora (la alusión de Porcia al «filósofo llorón» [1. 2, 47] remite ciertamente al *topos* de Heráclito y Demócrito). Lo cómico y lo trágico conviven en el mismo espacio: en efecto, para los personajes (en el escenario) y para los espectadores (en el teatro del mundo) la misma escena puede suscitar alegría en algunos y tristeza en otros. La incertidumbre y la relatividad, como ha subrayado Agostino Lombardo, impregnan el perfil entero de la obra.

Habría que evocar y discutir otras muchas cuestiones importantes. Pero, en esta breve reflexión, he querido sólo analizar uno de los muchos hilos que podrían ligar Venecia al reino imaginario de Belmonte, en el cual el oro y la plata nada valen en comparación con las melodías de los pájaros o las bellezas naturales. Lorenzo, en armonía con algunas reflexiones de la misma Porcia, lo expresa con claridad cuando sostiene que el hombre insensible a la música puede ceder fácilmente a la violencia utilitarista de engaños y robos:

El hombre que no tiene música en sí mismo y no se mueve por la concordia de dulces sonidos, está inclinado a traiciones, estratagemas y robos; las emociones de su espíritu son oscuras como la noche, y sus afectos, tan sombríos como el Erebo: no hay que fiarse de tal hombre. Atiende a la música (v. 1, 83-88).

Aquí—en esta *isla* fantástica inventada por Shakespeare donde, como recuerda el cofre de plomo, el *dar* vale más que el *tener*—la gratuidad y lo inútil parecen estar al abrigo de la fuerza destructiva del dios dinero, del utilitarismo más inhumano que condena a los hombres a convertirse en esclavos del beneficio y a transformarse en mercancía común...

9. ARISTÓTELES: EL SABER CARECE DE UTILIDAD PRÁCTICA

También la cultura debe ser preservada de la fuerza corrosiva del dinero y el beneficio. Aristóteles ha escrito páginas importantes sobre el valor intrínseco del saber en su *Metafísica*. Es mérito suyo haber formulado con claridad la idea de que el conocimiento en los grados más altos no constituye «una ciencia productiva». Y que los hombres «comienzan y comenzaron siempre a filosofar movidos por la admiración». Precisamente el estupor ante aquellos «fenómenos sorprendentes más comunes» los estimuló a emprender la *quête*. Y por lo tanto si es cierto que los hombres «filosofaron para huir de la ignorancia, es claro que buscaban el saber en vista del conocimiento, y no por alguna utilidad»:

Es, pues, evidente que no la buscamos [esta ciencia] por ninguna otra utilidad sino que, así como llamamos hombre libre al que es para sí mismo y no para otro, así consideramos a ésta como la única ciencia libre, pues esta sola es para sí misma.

En esta libertad de la filosofía, caracterizada por el rechazo a ser esclava de lo útil, se funda la *divinitas* de los seres humanos («Por eso también su posesión podría con justicia ser considerada impropia del hombre»).

10. ¿TEÓRICO PURO O FILÓSOFO-REY? LAS CONTRADICCIONES DE PLATÓN

Aristóteles, de este modo, resuelve netamente la continua tensión que existía en Platón entre el filósofo interesado en la pura teoría y el filósofo comprometido en la política. En el *Teeteto*, en efecto, Sócrates distingue entre «esclavos» y «hombres libres», entre quienes frecuentan los tribunales y quienes se dedican exclusivamente a la filosofía:

Los que han rodado desde jóvenes por tribunales y lugares seme-jantes parecen haber sido educados como esclavos, si los compa-ras con hombres libres, educados en la filosofía y en esta clase de ocupaciones (172c-d).

Los «hombres libres» no tienen problemas de tiempo y no han de rendir cuentas a nadie, mientras que los «esclavos» es-tán condicionados por la clepsidra y por un *amo* que decide:

[Los hombres libres] disfrutan del tiempo libre al que tú hacías referencia y sus discursos los componen en paz y en tiempo de ocio. [...] Y no les preocupa nada la extensión o la brevedad de sus razonamientos, sino solamente alcanzar la verdad. Los otros, en cambio, siempre hablan con la urgencia del tiempo, pues les apremia el flujo constante del agua [de la clepsidra]. Además, no pueden componer sus discursos sobre lo que desean, ya que la parte contraria está sobre ellos y los obliga a atenerse a la acu-sación escrita, que, una vez proclamada, señala los límites fuera de los cuales no puede hablarse. Esto es lo que llaman juramento recíproco. Sus discursos versan siempre sobre algún compañero de esclavitud y están dirigidos a un amo que se sienta con la demanda en las manos [...] (172d-e).

Estos últimos, animados por el objetivo que persiguen, «saben cómo adular a su amo con palabras y seducirlo con obras». Así, «con sus almas mezquinas», renuncian a toda forma de rectitud:

La esclavitud que han sufrido desde jóvenes les ha arrebatado la grandeza de alma, así como la honestidad y la libertad, al obligarlos a hacer cosas tortuosas y al deparar a sus almas, todavía tiernas, grandes peligros y temores, que no podían sobrellevar aún con amor a la justicia y a la verdad. Entregados así a la mentira y a las injurias mutuas, tantas veces se encorvan y se tuercen, que llegan a la madurez sin nada sano en el pensamiento. Ellos, sin embargo, creen que se han vuelto hábiles y sabios (173a-b).

Los «verdaderos filósofos», por su parte, «desconocen desde su juventud el camino que conduce al ágora y no saben dónde están los tribunales ni el consejo ni ningún otro de los lugares públicos de reunión que existen en las ciudades». No saben qué son las intrigas «para ocupar los cargos, ni acuden a las reuniones ni a los banquetes y fiestas que se celebran con flautistas». Consideran que «todas estas cosas tienen muy poca o ninguna importancia» y vuelan hacia lo alto «estudiando los astros, *más allá de los cielos*, e investigando la naturaleza entera de los seres que componen el todo» (173c-174a). Y «una persona así en sus relaciones particulares o públicas con los demás» es fácil que pueda hacer «reír no sólo a las esclavas tracias, sino al resto del pueblo» y que «su torpeza» le procure «reputación de necedad» (174b-c). Recorrer el camino de la verdadera filosofía, como ha subrayado Paul Ricoeur, significa también exponerse al fracaso en el plano de la vida. Pero, con el fin de conquistar la libertad, el verdadero filósofo busca siempre mantener los ojos vueltos al cielo y no teme correr el riesgo de acabar, como Tales, en un pozo:

Esta es la manera de ser que tienen uno y otro, Teodoro. El primero, que ha sido educado realmente en la libertad y en el ocio es precisamente el que tú llamas filósofo. A éste no hay que censurarlo por parecer simple e incapaz, cuando se ocupa de menesteres serviles, si no sabe preparar el lecho, condimentar las comidas o prodigar lisonjas. El otro, por el contrario, puede ejercer todas estas labores con diligencia y agudeza, pero no sabe ponerse el manto con la elegancia de un hombre libre, ni dar a sus palabras la armonía que es preciso para entonar un himno a la verdadera vida de los dioses y de los hombres bienaventurados (175d-176a).

En *La república*, sin embargo, Platón había analizado ya las dos actitudes, dejando entrever la posibilidad de un compromiso del filósofo en la vida pública. Sócrates, en efecto, recuerda a su interlocutor la importancia de la investigación pura como fin en sí misma: «Tampoco esa multitud ha prestado suficientemente oídos, bienaventurado amigo, a discusiones bellas y señoriales en las cuales se busque seriamente la verdad por todos los medios con el fin de conocerla» (VI, 499a). Y más adelante, en un contexto dominado por el tema de la educación de los niños, retoma el razonamiento subrayando la necesidad de que la enseñanza no haga «compulsiva la forma de la instrucción», porque «el hombre libre no debe aprender ninguna disciplina a la manera del esclavo» (VII, 536d-e).

Pero, como con razón ha puesto de relieve Mario Vegetti, existen varios tipos de gobernantes-filósofos en *La república*. Y precisamente a estos filósofos que se forman por sí solos, mediante estudios privados, y que se mueven por el exclusivo deseo de conocer—en el *Teeteto* (155 d) se evoca también, entre otras cosas, el mito hesiódico de Iris (la filosofía) hija de Taumante (la admiración)—Platón les pide *excepcionalmente* reinar (*basileuein*): a ellos les incumbe formar a los *arcontes* y a los dialécticos que dirigirán la ciudad futura.

11. KANT: EL GUSTO POR LO BELLO ES DESINTERESADO

A partir de Immanuel Kant, la cuestión del desinterés se adueñará directamente también del juicio estético. En las primeras páginas de la *Crítica del juicio* (1790), el filósofo alemán sostiene que la apreciación de la representación de un objeto puede ir acompañada de placer «por muy indiferente que me sea lo que toca a la existencia del objeto de esa representación»:

> Se ve fácilmente que cuando digo que un objeto es *bello* y muestro tener gusto me refiero a lo que de esa representación haga yo en mí mismo y no a aquello en que dependo de la existencia del objeto. [...] Pero esta proposición, que es de una importancia capital, no podemos dilucidarla mejor que oponiendo a la pura satisfacción desinteresada en el juicio de gusto, aquella otra que va unida con el interés [...] (§ 2, pp. 133-134).

Para Kant, el interés está estrechamente conectado con el placer y con la existencia del objeto. Y dado que «todo interés presupone una necesidad o la produce y, como fundamento de determinación del aplauso, no deja ya que el juicio sobre el objeto sea libre», «la del gusto en lo bello es la única satisfacción desinteresada y *libre*, pues no hay interés alguno, ni el de los sentidos ni el de la razón, que arranque el aplau-so» (§ 5, p. 140). Basándose en esta noción de desinterés, el filósofo alemán formulará su célebre definición del gusto:

Gusto es la facultad de juzgar un objeto o una representación mediante una satisfacción o un descontento, *sin interés alguno*. El objeto de semejante satisfacción llámase *bello* (§ 5, p. 141)

12. OVIDIO: NADA ES MÁS ÚTIL QUE LAS ARTES INÚTILES

Entre los literatos, Ovidio (atento fustigador, en las *Meta-morfosis*, de la «infame pasión de poseer» [«*amor scelera-tus habendi*»]) afronta de manera explícita la cuestión de la utilidad de lo inútil. En una de las *Epistulae ex Ponto*—dirigida a su amigo Aurelio Cota Máximo Mesalino—el poe-ta confiesa cultivar lo inútil:

Por más que te esmeres en encontrar qué puedo hacer, no habrá nada más útil que estas artes, que no tienen ninguna utilidad.

[*Cum bene quaesieris quid agam, magis utile nil est | artibus his, quae nil utilitatis habent*; I, 5, 53-54].

Aun considerándola, alguna vez, como un remedio con-tra los dolores del exilio,

Gracias a ellas, consigo olvidarme de mi desgracia.

[*Consequor ex illis casus oblivia nostri*; I, 5, 55],

Ovidio sabe bien que de la poesía no se puede extraer nin-guna verdadera ventaja:

Hasta ahora, ninguna de mis obras, aunque las recuerdes todas, me aprovechó y ¡ojalá que no me hubiese perjudicado ninguna!

[*Tempus ad hoc nobis, repetas licet omnia, nullum | profuit—atque utinam non nocuisset!—opus»*; 1, 5, 27-28].

Al contrario: tal vez la causa de sus infortunios debe atribuirse precisamente a sus versos.

Pero, a pesar de todo, ante la pregunta por las razones de la escritura,

¿Te preguntas, pues, admirado, por qué escribo?

[*Cur igitur scribam, miraris?*; 1, 5, 29].

El poeta no duda en responder que permanece ligado a un estudio inútil:

Del mismo modo, yo conservo con constancia esta afición inútil.

[*Sic ego constanter studium non utile servo*; 1, 5, 41].

Como le sucede al gladiador que, pese a sus heridas, vuelve a combatir o al marinero que, aun habiéndose salvado de un naufragio, no puede evitar hacerse de nuevo al mar.

13. MONTAIGNE: «NO HAY NADA INÚTIL, NI SIQUIERA LA INUTILIDAD MISMA»

No hay libro que pueda sacudir nuestra interioridad como *Los ensayos* (1580-1588) de Montaigne. Sin embargo, el autor declara haberse dedicado a la escritura no por un objetivo preciso («el único fin que me he propuesto con él [mi libro] es doméstico y privado»), sino para referir, en la intimidad, como ha sugerido brillantemente Fausta Garavini, los miedos y las defensas «de un ser que se descubre fragmentario y diversificado»: «Así, lector, soy yo mismo la materia de mi libro: no es razonable que emplees tu tiempo en un asunto tan frívolo y tan vano» (*Al lector*, pp. 5-6). Un libro *inútil*, por lo tanto, que se concibe en la biblioteca construida precisamente donde había habido un guardarropa, «el lugar más inútil de la casa» (III, III, p. 1236). Montaigne pasa ahí el tiempo, en soledad, estudiando para divertirse y no para ganar nada («[Estudio] en este momento para distraerme; nunca por la ganancia»; III, III, p. 1238). Y estudia sabiendo perfectamente que a la filosofía se la considera una cosa «de nula utilidad y nulo valor»:

Es muy notable que las cosas en nuestro siglo hayan llegado al punto de que la filosofía sea, aun para la gente de entendimiento, un nombre vano y fantástico, que se considera de nula utilidad y nulo valor (I, XXV, p. 206).

Pero, no obstante, Montaigne no se rinde. Al contrario, en diferentes ocasiones, el filósofo nos invita a reconocer la inutilidad de los bienes que acostumbran a considerarse útiles (habría que «suscitar en los hombres desdén por el oro y la seda como cosas vanas e inútiles; pero acrecentamos su honor y valía, lo cual es una manera muy inepta de hacer que los aborrezcan»; I, XLIII, p. 392).

El autor de *Los ensayos* sabe bien que muchas de sus cualidades «que no merecen reproche» son completamente inútiles «en un siglo muy depravado»:

Aun aquellas de mis características que no merecen reproche, me parecían inútiles en este siglo. A la facilidad de mi comportamiento la habrían llamado cobardía y debilidad; a la lealtad y la conciencia las habrían considerado llenas de escrúpulos y superstición; a la franqueza y la libertad, importunas, irreflexivas y temerarias (II, XVII, p. 975-976).

Lejos de cualquier alarde, *Los ensayos* se presentan como un testimonio. Y la preocupación de sus familiares—que temían, para el joven Michel, un futuro marcado por la inutilidad («Nadie predecía que llegara a ser malo, sino inútil»; I, XXV, p. 231)—no era a fin de cuentas infundada, en vista de los signos precoces de un fuerte interés por el ejercicio de la escritura:

Pero debería haber alguna coerción legal contra los escritores ineptos e inútiles, como la hay contra los vagabundos y holgazanes. Yo y cien más seríamos alejados de las manos de nuestro pueblo. No es una burla (III, IX, p. 1410).

Ciertamente, no hay que tomar siempre a Montaigne al pie de la letra, como con acierto sugiere André Tournon al comentar los pasajes citados. Pero la conciencia de su *inutilidad* («Dado que me encuentro inútil para este siglo, me entrego a aquel otro»; III, IX, p. 1488), puede convivir muy bien con su convicción de que «en la naturaleza nada es inútil», «ni siquiera la inutilidad misma» (III, I, p. 1180).

14. LEOPARDI «FLÂNEUR»: LA ELECCIÓN DE LO INÚTIL CONTRA EL UTILITARISMO DE UN «SIGLO SOBERBIO Y ESTÚPIDO»

Entre 1831 y 1832, Giacomo Leopardi proyecta, junto a su estimado amigo Antonio Ranieri, un periódico semanal (*Lo*

Spettatore Fiorentino) que pretende ser inútil. En el *Preámbulo*, en efecto, el autor declara: «Reconocemos con franqueza que nuestro periódico no tendrá ninguna utilidad» (p. 1032). En un siglo enteramente dedicado a lo útil, cobra fundamental importancia llamar la atención sobre lo inútil:

Y creemos razonable que en un siglo en el que todos los libros, todos los pedazos de papel impresos, todas las tarjetas de visita son útiles, aparezca finalmente un periódico que hace profesión de ser inútil: porque el hombre tiende a distinguirse de los demás, y porque, cuando todo es útil, no queda sino que uno prometa lo inútil para especular (p. 1032).

Convencido de que lo «placentero es más útil que lo útil», Leopardi ve sobre todo en las mujeres, indiferentes a toda lógica productivista, las destinatarias ideales del semanario. Y no lo hace «por galantería», sino «porque es verosímil que las mujeres, al ser menos severas, se muestren más condescendientes con nuestra inutilidad» (p. 1032). El proyecto, naturalmente, no obtiene los permisos necesarios de las autoridades florentinas y muere antes de nacer.

Pocos años antes, en 1827, el poeta de Recanati trabajaba en la realización de una *Enciclopedia de los conocimientos inútiles*, que tampoco llegó nunca a materializarse, de la que habla en una carta al editor Stella del 13 de julio de 1827. Su vivo interés por la inutilidad expresa la desazón de un literato que se halla inmerso en una sociedad dominada por «negociantes y otros hombres dedicados a hacer dinero» (*Pensamientos*, VII, p. 353). Una sociedad en la que el hombre se identifica con el dinero:

Hasta el punto de que los hombres, que discrepan en todos los otros temas, están de acuerdo en la estima del dinero. Es más, se puede decir que, en sustancia, el hombre es el dinero y no otra cosa que el dinero, razón que, a juzgar por mil indicios, es tenida por el género humano como un axioma constante, máxime en nuestros tiempos. [...] Mientras, en compañía de la industria, la bajeza del alma, la frialdad, el egoísmo, la avaricia, la falsedad y la perfidia mercantil, todas la cualidades y las pasiones más depravadoras y más indignas del hombre civilizado, se mantienen con vigor y se multiplican sin fin. Pero las virtudes siempre se están esperando (*Pensamientos*, XLIV, pp. 375-376).

Por medio de su filosofía de lo inútil, Leopardi no sólo busca defender la supervivencia del pensamiento (debe prometerse «lo inútil para especular»), sino que además pretende reivindicar la importancia de la vida, de la literatura, del amor, de los engaños de la poesía, de todas las cosas consideradas superfluas:

En suma, empieza a asquearme el soberbio desprecio—escribe Leopardi en una carta enviada desde Florencia a Pietro Giordani el 24 de julio de 1828—que aquí se profesa por todas las cosas bellas y por toda literatura: sobre todo porque no me entra en la cabeza que la cumbre del saber humano consista en saber política y estadística. Al contrario, considerando filosóficamente la inutilidad casi perfecta de los estudios hechos desde la época de Solón para obtener la perfección de los estados civiles y la felicidad de los pueblos, me da un poco de risa este furor de elucubraciones y cálculos políticos y legislativos. [...] Sucede así que lo placentero me parece más útil que todas las cosas útiles, y la literatura útil de una forma más verdadera y cierta que todas estas aridísimas disciplinas [la política y la estadística] (p. 1370).

Pero el poeta de Recanati, como más tarde recordará él mismo en algunos versos de *El pensamiento dominante*, sabe que vive en una época «enemiga de la virtud» en la cual la obsesiva búsqueda de lo útil ha terminado por volver inútil la vida misma:

> A esta edad tan soberbia
> que se nutre de vanas esperanzas,
> y ama lo vano y la virtud persigue;
> que reclama lo útil, estulta,
> y no ve que la vida
> en más inútil siempre se convierte;
> superior yo me siento. [...].

[*Di questa età superba,* | *che di vote speranze si nutrica,* | *vaga di ciance, e di virtù nemica;* | *stolta, che l'util chiede,* | *e inutile la vita* | *quindi più sempre divenir non vede;* | *maggior mi sento.* [...]; vv. 59-65].

Un utilitarismo, asociado con una errónea idea de progreso, cada vez más exaltado en las columnas de los periódicos, como Leopardi mismo denunciará también en la *Palinodia al marqués Gino Capponi*:

> [...] Cada diario,
> en varias lenguas, en varias columnas,
> en cada campo lo promete al mundo
> con concordia. Y universal amor,
> férreas vías y múltiples comercios,
> vapor, imprenta y cólera a los más
> lejanos climas, pueblos, unirán

[*Ogni giornale,* | *gener vario di lingue e di colonne,* | *da tutti i lidi lo promette al mondo* | *concordemente. Universale amore,* | *ferrate vie, molteplici commerci,* | *vapor, tipi e* choléra *più divisi* | *popoli e climi stringeranno insieme*; vv. 39-45].

Y por estos motivos, poco antes de morir, en una estrofa decisiva de *La retama* describirá su siglo como «soberbio y estúpido» (v. 53).

15. THÉOPHILE GAUTIER: «TODO LO QUE ES ÚTIL ES FEO», COMO «LAS LETRINAS»

Algunos años después del singular proyecto de Leopardi consagrado a un semanario inútil, Théophile Gautier conducirá a las más extremas consecuencias la batalla contra el moralismo que imperaba entre ciertos «críticos utilitaristas» («verdaderos policías literarios» prestos «a apresar y apalear en nombre de la virtud toda idea que circule por un libro con el sombrero puesto de través o la falda arremangada un poco demasiado arriba»; p. 24), azuzados y patrocinados por periódicos («sean del color que fueren: rojos, verdes o tricolores»; p. 7) que se presentaban como «útiles».

En 1834, a la edad de veintitrés años, el autor de *Mademoiselle de Maupin* antepone a su novela un largo prefacio, que llegará a ser no sólo el manifiesto del llamado «Arte por el Arte», sino, más en general, la elocuente reacción de una generación en revuelta contra aquellos «que tienen la pretensión de ser economistas y quieren reconstruir la sociedad de arriba abajo» (p. 27):

No, imbéciles, no, cretinos y papudos como sois, un libro no hace sopa de gelatina; una novela no es un par de botas descosidas; ni un soneto una jeringa de chorro continuo; un drama no es un ferrocarril, todas ellas cosas esencialmente civilizadoras y que hacen que la humanidad avance por el camino del progreso (p. 26).

Acusado en el diario *Le Constitutionnel* de escribir artículos indecentes, Gautier responderá brillantemente a los ataques con un lenguaje irónico, desdeñoso, lleno de metáforas y alusiones. Un panfleto pirotécnico en el cual el autor, más allá de la disputa ocasional, expresa su poética, fundada esencialmente en una idea de arte y de literatura libre de cualquier condicionamiento moral y utilitarista:

En verdad hay motivo para reírse con ganas al oír disertar a los utilitarios republicanos o sansimonistas [...] Hay dos clases de utilidad, y el sentido de este vocablo nunca es sino relativo. Aquello que es útil para uno no lo es para otro. Usted es zapatero, yo soy poeta. Para mí resulta útil que mi primer verso rime con el segundo. Un diccionario de rimas, por tanto, me beneficia por su gran utilidad. A usted de nada le serviría para echar suelas a un par de viejos zapatos, y es justo decir que una chaira a mí de nada me serviría para hacer una oda. Tras lo cual usted objetará que un zapatero está muy por encima de un poeta, y que es más fácil prescindir de uno que del otro. Pero sin pretender rebajar la ilustre profesión de zapatero, a la que honro tanto como a la profesión de monarca constitucional, confesaré humildemente que yo preferiría tener mi zapato descosido que mi verso mal rimado, y que pasaría muy gustoso sin botas antes que quedarme sin poemas (p. 28).

Gautier—cuyas proezas poéticas Jean Starobinski ha puesto metafóricamente en relación con las de un acróbata—insiste en distintos momentos en el hecho de que por desgracia, en las páginas de estos periódicos, las cosas bellas de la vida no se consideran indispensables. Hasta el punto de juzgar más útil plantar coles donde había tulipanes:

Nada de lo que resulta hermoso es indispensable para la vida. Si se suprimiesen las flores, el mundo no sufriría materialmente. ¿Quién desearía, no obstante, que ya no hubiese flores? Yo renunciaría antes a las patatas que a las rosas, y creo que en el mundo sólo un utilitario sería capaz de arrancar un parterre de tulipanes para plantar coles (pp. 27-28).

En este contexto dominado por el más siniestro utilitarismo, no es sorprendente que si alguien osa preferir Miguel Ángel al «inventor de la mostaza blanca» se arriesgue a ser tomado por loco («¿Para qué sirve la música? ¿Para qué sirve la pintura? ¿Quién sería tan loco como para preferir Mozart al señor Carrel [un periodista de *Le National*], y Miguel Ángel al inventor de la mostaza blanca?»; p. 29).

No asombra tampoco que en los periódicos utilitaristas los libros aparezcan anunciados junto a «cinturones elásticos, cuellos de crinolina, biberones de tetina inalterable, la pasta de Regnault y las recetas contra el dolor de muelas» (p. 44).

Pero Gautier está convencido de que frente a esta trivialidad tan extendida no basta con una blanda reacción. Al contrario, apoyándose en su estilo paradójico, lleva hasta el extremo el ataque al utilitarismo tejiendo un elogio de lo inútil provocativo y radical:

Sólo es realmente hermoso lo que no sirve para nada. Todo lo que es útil es feo, porque es la expresión de alguna necesidad y las necesidades del hombre son ruines y desagradables, igual que su pobre y enfermiza naturaleza. El rincón más útil de una casa son las letrinas (p. 29).

Sería en verdad interesante—y creo que no se ha hecho nunca con atención—analizar estas páginas de Gautier sobre lo inútil en paralelo con las de Leopardi. Y entre las muchas convergencias, no debería ciertamente pasarse por alto la presencia del Vesubio. En su prefacio, en efecto, el escritor francés saca también a colación el volcán y las ciudades romanas sepultadas por su erupción (*La retama* está escrita en 1836, pero se publicará póstuma en 1845), como testimonio del pseudo-progreso contemporáneo:

¡Vaya! Y decís que estamos progresando. Si mañana un volcán abriese su bocaza en Montmartre y lanzase sobre París un montón de cenizas y una tumba de lava, como en otros tiempos hiciera el Vesubio en Estabia, Pompeya y Herculano, y cuando, dentro de

unos miles de años, los arqueólogos de esa época hicieran excavaciones y exhumaran el cadáver de la ciudad muerta, decidme
qué monumentos habrían quedado en pie para testimoniar del
esplendor de la gran enterrada (p. 34).

A siglos de distancia, los arqueólogos exhumarían sólo
productos industriales y manufacturados en serie. Y, salvo
algunas excepciones, las verdaderas obras de arte serían exclusiva expresión de los milenios anteriores. Esta es la razón por la que, para Gautier, justamente los objetos super-
fluos, las cosas que no tienen ninguna utilidad se revelan,
en cuanto expresiones de lo bello, como las más interesantes y placenteras:

Yo, mal que les pese a esos señores, soy de aquellos para quienes
lo superfluo es lo necesario. Prefiero las cosas y las personas en
razón inversa a los servicios que me puedan prestar. Prefiero a
cualquier jarrón que me sea útil, uno que sea chino, sembrado de
dragones y mandarines, que no sirve para nada [...]. Renunciaría
muy gustoso a mis derechos de ciudadano y súbdito francés por
contemplar un auténtico cuadro de Rafael [...]. Aunque no sea un
diletante, prefiero el sonido de un mal violín o de una pandereta al
de la campanilla del señor presidente. Vendería mi calzón por tener un anillo y mi pan por tener mermelada. [...] Ved, pues, cómo
los principios utilitarios están muy lejos de ser los míos, y que no
seré nunca redactor de un periódico virtuoso [...] (pp. 29-30).

Ya dos años antes, en el prefacio al *Albertus*, Gautier
había expresado conceptos similares. Y a quien le pregun-
taba para qué sirve una rima, le había respondido oponien-
do lo bello a lo útil:

¿Para qué sirve esto? Sirve para ser bello. ¿No es suficiente?:
como las flores, como los perfumes, como los pájaros, como todo

aquello que el hombre no ha podido desviar y depravar a su servicio. En general, tan pronto como una cosa se vuelve útil deja de ser bella (p. II).

En los dos prólogos, como hábil manipulador de la lengua, el joven escritor expresa poéticamente su pensamiento crítico. En el prefacio de *Mademoiselle de Maupin*, en particular—compitiendo con el novelista y el poeta—, colorea verbos y adjetivos, modela metáforas y neologismos, habla del arte valiéndose sobre todo de una prosa felizmente creativa. Pero sería un error reducir este manifiesto a un simple elogio de la belleza como finalidad en sí misma. En su furibunda reacción frente a la exaltación «de lo útil por lo útil», el moralismo y la literatura prostituida al comercio, trasluce siempre una idea noble del arte auténtico como resistencia contra la trivialidad del presente. «El arte—había confesado en la frase final del prefacio al *Albertus*—es lo que mejor consuela de vivir» (p. V).

16. BAUDELAIRE: EL HOMBRE ÚTIL
ES ESPANTOSO

En los fragmentos de *Con el corazón en la mano* (*Mon coeur mis à nu*), Baudelaire (que dedica *Las flores del mal* a Théophile Gautier, «perfecto mago de las letras francesas») anota un pensamiento en el que se trasluce de manera aún más vigorosa su rechazo del utilitarismo: «Ser un hombre útil me ha aparecido siempre como algo en verdad espantoso» (VI, p. 60). Reflexiones análogas se encuentran en los esbozos de *Cohetes* que deberían haber constituido, junto a *Con el corazón en la mano*, la base de una obra abierta a un viaje despiadado por la desazón de la vida.

Para el poeta es signo evidente del contemporáneo «envilecimiento de los corazones» ver que los jóvenes corren hacia el comercio con el único objetivo de ganar dinero:

Cuando esto ocurra, el hijo huirá de su familia, pero no a los dieciocho años, sino a los doce, emancipado por su precocidad glotona: la abandonará no en busca de aventuras heroicas, no para liberar a una belleza prisionera en lo alto de una torre, no para inmortalizar una buhardilla con pensamientos sublimes, sino para fundar un comercio, para enriquecerse, y para hacerle la competencia a su infame papá [...] (xv, p. 35).

Y mientras que todo será objeto de crítica y condena «salvo el dinero», cualquier cosa que «se asemeje a la virtud» será considerada «inmensamente ridícula». Incluso la justicia «prohibirá la existencia de aquellos ciudadanos incapaces de enriquecerse». La corrupción se adueñará de las familias hasta el punto de que mujeres e hijas se convertirán en viles mercancías con las que comerciar:

Tu esposa, ¡oh, Burgués!, tu casta mitad, cuya honra es para ti el fundamento de la poesía, al introducir en la legalidad una infamia irreprochable, guardiana vigilante y amorosa de tu caja fuerte, ya no será sino el ideal perfecto de la mujer mantenida. Tu hija, con nubilidad infantil, soñará desde la cuna que se vende por un millón. Y tú mismo, oh, Burgués—menos poeta aún de lo que lo eres hoy—, serás incapaz de contestar cualquier cosa; pero no te pesará lo más mínimo (xv, p. 36).

En las últimas anotaciones de *Con el corazón en la mano*, Baudelaire expresa todo su desprecio por el comercio y las formas más triviales de egoísmo:

- El comercio es, por su esencia, *satánico*.
- El comercio es lo prestado-devuelto, es el préstamo con el sobrentendido siguiente: *Devuélveme más de lo que te doy*.
- La mente de todo comerciante está totalmente viciada.
- El comercio es *natural; por consiguiente* es *infame*.
- El menos infame de todos los comerciantes es el que dice: Seamos virtuosos para ganar mucho más dinero que los imbéciles que son viciosos.
- Para el comerciante, la honradez constituye una lucrativa especulación.
- El comercio es satánico, porque es una de las fuerzas del egoísmo, y la más baja y la más vil (XLI, pp. 93-94).

Un mundo, este del utilitarismo y el beneficio, en el cual es difícil que la poesía y la intimidad puedan encontrar un espacio: «¡Gracias a los progresos de estos días, de tus entrañas ya sólo te quedarán las vísceras!» (XV, p. 36).

17. JOHN LOCKE CONTRA LA POESÍA

John Locke, en cambio, había fundado su ataque a la poesía precisamente en la inutilidad. En los *Pensamientos sobre la educación* (1693), la crítica no sólo se dirige contra quienes imponen a toda costa el estudio de los versos a alumnos desganados, para hacer de ellos modestos rimadores («En efecto: si el niño no tiene el genio de la poesía, es la cosa más irracional del mundo atormentarlo y hacerle perder el tiempo imponiéndole un trabajo en que no puede triunfar»; § 174), sino que recae sobre todo en los padres que permiten a sus hijos cultivar el talento poético («y si [el niño] tiene algún talento poético, encuentro extraño que un padre desee, o siquiera soporte, que lo cultive y desarrolle»; § 174). Porque la vida entre las Musas, en el monte Parnaso, está hecha de privaciones y no favorece en modo alguno el aumento de los patrimonios personales:

Me parece, por el contrario, que los padres deberían desear sofocar y reprimir esta disposición poética todo lo posible; y no veo por qué puede desear un padre hacer de su hijo un poeta, si no quiere inspirarle también el disgusto por las ocupaciones y los negocios de la vida. Pero no es este el mayor mal. En efecto: si el joven consigue ser un rimador afortunado, y llega a adquirir la reputación de un poeta, que se considere en qué sociedad y en qué lugares perderá su tiempo, probablemente, y también su dinero; porque raras veces se habrá visto que se descubran minas de oro y plata sobre el monte Parnaso. El aire es allí agradable, pero el suelo es estéril; hay pocos ejemplos de gentes que hayan aumentado su patrimonio con lo que puedan haber cosechado allí (§ 174).

De hecho, el objetivo principal de Locke era el de formar un *gentleman*, privilegiando los saberes técnicos y científicos basados en el pragmatismo y la utilidad. Su feroz reacción, sin embargo, no puede entenderse sin tener en cuenta los fanatismos de una pedagogía retórica que en la Inglaterra de aquel tiempo consideraba las palabras más importantes que las cosas. Pero, hoy en día, estas frases tan violentas en contra de la poesía (ahorro a los lectores la invectiva dedicada a la música), ¿qué efecto podrían tener en buen número de políticos y en los pedagogos-gestores comprometidos en las más recientes reformas de la enseñanza? Es difícil responder con certeza a esta pregunta. Mi experiencia como docente en una facultad humanística—en la cual desde hace décadas resuena la misma pregunta planteada por padres víctimas de la nefasta ideología dominante de lo útil: «Pero ¿qué hará mi hijo con una licenciatura de letras?»—me hace suponer que, con toda probabilidad, los ásperos argumentos de Locke no suscitarían ningún enojo.

Frecuentar a las Musas—que Giovanni Boccaccio identifica con las mujeres de carne y hueso—ayuda a vivir mejor. En el *Decamerón*, en efecto, el escritor polemiza con sus detractores, obsesionados por la búsqueda de «tesoros», que le invitan a pensar en el «pan» más que en las «fábulas de los poetas»:

Pero ¿qué diremos a aquellos que de mi fama tienen tanta compasión que me aconsejan que me busque el pan? Ciertamente no lo sé, pero, queriendo pensar cuál sería su respuesta si por necesidad se lo pidiera a ellos, pienso que dirían: «¡Búscatelo en tus fábulas!». Y ya más han encontrado entre sus fábulas los poetas que muchos ricos entre sus tesoros, y muchos ha habido que andando tras de sus fábulas hicieron florecer su edad, mientras por el contrario, muchos al buscar más pan del que necesitaban, murieron sin madurar.

«Las fábulas de los poetas», con independencia de la cantidad de «pan» que permiten procurarse, son necesarias para entender las cosas esenciales que nos hacen falta. Y, sobre todo, nos enseñan a defendernos de la obsesión por las ganancias y lo útil que, como sucede con los que persiguen las riquezas, acaba siendo a menudo la causa principal de una muerte prematura.

19. GARCÍA LORCA: ES IMPRUDENTE VIVIR SIN LA LOCURA DE LA POESÍA

Al filósofo inglés y a los detractores de la poesía, les han respondido indirectamente, en el curso de los siglos, numerosos poetas y literatos. Pero, en particular, las palabras pronunciadas por Federico García Lorca cuando presenta algunos versos de Pablo Neruda hacen que vibren las cuerdas de nuestro corazón:

Yo os aconsejo oír con atención a este gran poeta y tratar de conmoveros con él cada uno a su manera. La poesía requiere una larga iniciación como cualquier deporte, pero hay en la verdadera poesía, un perfume, un acento, un rasgo luminoso que todas las criaturas pueden percibir. Y ojalá os sirva para nutrir ese grano de locura que todos llevamos dentro, que muchos matan para colocarse el odioso monóculo de la pedantería libresca y sin el cual es imprudente vivir.

Este apasionado testimonio, en el cual un gran poeta habla de otro gran poeta, estaba dedicado sobre todo a los estudiantes presentes en un aula de la Universidad de Madrid en 1934. A aquellos jóvenes lectores, García Lorca les dirigía una calurosa invitación a nutrir con la literatura «ese grano de locura que todos llevamos dentro», sin el cual sería en verdad «imprudente vivir».

20. LA LOCURA DE DON QUIJOTE, HÉROE DE LO INÚTIL Y LO GRATUITO

Y precisamente a la locura se deben las extraordinarias aventuras de uno de los personajes que han marcado la historia de la literatura mundial. El mítico don Quijote podría ser considerado el héroe por excelencia de la inutilidad. Nutrido de novelas de caballerías, decide forzar la realidad corrupta de un tiempo en que «el vicio [triunfa] de la virtud»:

Pero no es merecedora la depravada edad nuestra de gozar tanto bien como el que gozaron las edades donde los andantes caballeros tomaron a su cargo y echaron sobre sus espaldas la defensa de los reinos, el amparo de las doncellas, el socorro de los huérfanos y pupilos, el castigo de los soberbios y el premio de los humildes (II, I, p. 633).

En contra de la opinión de sus contemporáneos—convencidos de «que todos los libros de caballerías son falsos, mentirosos, dañadores e *inútiles* para la república» (I, XLIX, p. 564) hasta el extremo de arrojarlos sin piedad a la hoguera—, el valeroso hidalgo no duda en emprender la difícil senda del caballero, persuadido de que «la cosa de que más necesidad tenía el mundo era de caballeros andantes y de que en él [don Quijote mismo] se resucitase la caballería andantesca» (I, VII, p. 91). Sin tener en cuenta las limitaciones de su físico («seco de carnes, enjuto de rostro»; I, I, 36), las limitaciones de sus armas y de su armadura de cartón piedra («Y lo primero que hizo fue limpiar unas armas que habían sido de los bisabuelos, que tomadas de orín y llenas de moho, luengos siglos había que estaban puestas y olvidadas en un rincón»; I, I, p. 41), las limitaciones de su rocín (que tenía «más cuartos que un real y más tachas que el caballo de Gonela, que *tantum pellis et ossa fuit*»; I, I, p. 42), nuestro héroe se aventura por «caminos sin camino» (II, XXVIII, p. 864).

Todas sus empresas están inspiradas por la gratuidad, por la única necesidad de servir con entusiasmo a sus ideales. Y en las conversaciones con Sancho Panza y con sus interlocutores casuales—en las que, con mucha frecuencia, se traslucen las reservas de una sociedad que no puede concebir que haya acciones desligadas de toda suerte de finalidad utilitarista—don Quijote confiesa despreciar las riquezas («desprecio la hacienda»; II, XXXII, p. 890) y tomar sólo en consideración la honra. Por lo demás, ¿cómo podría imaginarse el amor sin la gratuidad? Los caballeros andantes, en efecto, deben proteger a la mujer amada «sin que se estiendan más sus pensamientos que a servilla por solo ser ella quien es, sin esperar otro premio de sus muchos y buenos deseos sino que ella se contente de acetarlos por sus caballeros» (I, XXXI, pp. 363-364).

Cervantes, en definitiva, hace de la contradicción uno de los grandes temas de su novela: si la invectiva contra los libros de caballerías suena como una incitación al desengaño, en el *Quijote* encontramos también la exaltación de la ilusión que, a través de la pasión por los ideales, alcanza a dar sentido a la vida. No por azar, como ha subrayado con agudeza el gran cervantista Francisco Rico, nuestro héroe expresa un amor extraordinario hacia el relato y muestra un ávido interés por la vida de los demás. Lo inútil y gratuito de las aventuras del Caballero de la Triste Figura puede en todo caso dejar una impronta: revela la necesidad de afrontar con valentía también las empresas destinadas al fracaso. Existen derrotas gloriosas de las que, con el tiempo, pueden surgir grandes cosas («La verdad adelgaza y no quiebra, y siempre anda sobre la mentira, como el aceite sobre el agua»; II, X, p. 700).

¿Quién habría pensado nunca que el gesto de desafío de un muchacho chino desarmado frente a los tanques en la Plaza Tiananmen de Pequín en 1989—inmortalizado por el fotógrafo Jeff Widener—daría la vuelta al mundo para ser señalado por la revista *Time*, casi diez años después, en 1998, como una de las *empresas* que han tenido mayor influencia en el siglo XX?

Nadie ha pintado mejor que Charles Dickens la guerra declarada contra la fantasía en nombre de los hechos y el utilitarismo. En la memorable ciudad de Coketown, admirablemente descrita en *Tiempos difíciles*, todo está subordinado a la filosofía de lo útil. El gordo banquero Bounderby y el educador Gradgrind libran, con pleno convencimiento, una acérrima batalla cotidiana contra todo lo que pudiera ser un obstáculo para la realidad concreta y la producción.

«En la vida, caballero, lo único que necesitamos son hechos, ¡nada más que hechos!» (1, 1, p. 33). Enemigo de una enseñanza abierta a la imaginación, los sentimientos y los afectos, Gradgrind es presentado «con la regla, la balanza y la tabla de multiplicar siempre en el bolsillo», «dispuesto a pesar y medir en todo momento cualquier partícula de la naturaleza humana para deciros con exactitud a cuánto equivale». Para él, educación y vida se reducen a «números», a «un caso de pura aritmética». De igual manera, a los jóvenes alumnos se los considera «pequeños recipientes que iban a ser llenados hasta más no poder con hechos» (1, 2, p. 34).

Una escuela en perfecta sintonía con la misma Coketown, ciudad-fábrica donde habitaban

gentes que también se parecían entre sí, que entraban y salían de sus casas a idénticas horas, produciendo en el suelo idénticos ruidos de pasos, que se encaminaban hacia idéntica ocupación y para las que cada día era idéntico al de ayer y al de mañana y cada año era una repetición del anterior y del siguiente (1, 5, p. 56).

Nada material o espiritual tenía derecho a existir en esta comunidad si no era reconocido como un «hecho»:

Hechos, hechos, hechos; no se advertía otra cosa en la apariencia externa de la población, y tampoco se advertía otra cosa que hechos en todo lo que no era puramente material. La escuela del señor M'Choakumchild era toda hechos, la escuela de dibujo era hechos, las relaciones entre el amo y el trabajador eran hechos y todo eran hechos, desde el hospital de Maternidad hasta el cementerio; todo lo que no se podía expresar en números ni demostrar que era posible comprarlo en el mercado más barato para venderlo en el más caro no existía, no existiría jamás en Coketown hasta el fin de los siglos. Amén (1, 5, p. 57).

22. HEIDEGGER: ES DIFÍCIL COMPRENDER LO INÚTIL

Al tema de lo útil y lo inútil, en particular en el marco de una reflexión sobre la esencia de la obra de arte, ha vuelto en numerosas ocasiones Martin Heidegger. Me limitaré aquí a recordar tan sólo una aguda reflexión desarrollada para explicar algunos pasajes de *Ser y tiempo*. El filósofo la elabora en respuesta a Medard Boss (psiquiatra suizo-alemán que lo había invitado a impartir en su casa de Zollikon, cerca de Zúrich, una serie de seminarios sobre la fenomenología para un público de jóvenes psicoterapeutas): durante unas vacaciones que pasan juntos en Taormina, entre el 24 de abril y el 4 de mayo de 1963, Boss pregunta a Heidegger sobre la esencia del ser humano y sobre la relación que este último establece con los demás.

En un pasaje de la conversación—dedicado al Dasein, «como ser-en-el-mundo, como el ocuparse [*Besorgen*] de cosas y el asistir [*Sorgen für*] al otro [*Mitseiende*], como el ser-con los seres humanos que encuentra [...]»—, Heidegger se detiene en la utilidad de lo inútil:

71

Lo más útil es lo inútil. Pero experienciar lo inútil es lo más difícil para el ser humano actual. En ello se entiende lo «útil» como lo usable prácticamente, inmediatamente para fines técnicos, para lo que consigue algún efecto con el cual pueda yo hacer negocios y producir. Uno debe ver lo útil en el sentido de lo *curativo* [*Heilsamen*], esto es, lo que lleva al ser humano a sí mismo.

En griego θεώρια [*theoria*] es la *tranquilidad pura*, la más elevada ἐνέργεια [*energheia*], el modo más elevado de ponerse-a-la-obra, prescindiendo de todos los manejos [*Machenschaften*] prácticos: el dejar presenciar [*Anwesenlassen*] del presenciar mismo.

El filósofo alemán, buscando liberar la noción de utilidad de una exclusiva finalidad técnica y comercial, expresa claramente la dificultad general entre sus contemporáneos para entender la importancia de lo inútil. Para «el ser humano actual», en efecto, es cada vez más complicado sentir interés por cualquier cosa que no implique un uso práctico e inmediato para «fines técnicos».

23. LA INUTILIDAD Y LA ESENCIA DE LA VIDA: ZHUANG-ZI Y KAKUZO OKAKURA

Se trata de una antigua cuestión que interesaba ya al sabio Zhuang-zi, que vivió en el siglo IV a. C. En su obra más importante—en la que se habla de la naturaleza, de las incesantes metamorfosis y de la manera de vivir—el filósofo chino se detiene a menudo en el tema de la inutilidad. Hablando, por ejemplo, de la vida secular de un árbol («Es, por lo visto, madera inútil. Así ha podido crecer tan corpulento. ¡Ah! por eso los hombres espirituales no quieren ser personas útiles») muestra que con mucha frecuencia precisamente «ser buena madera es su desgracia» (cap. IV, 10-11).

Y, más adelante, en un brevísimo intercambio de frases con el sofista Hui-zi, se subrayan los límites de una humanidad que pretende saber a la perfección qué es lo útil sin conocer, en cambio, la importancia de lo inútil:

Hui-zi dijo a Zhuang-zi: «La doctrina de su Merced no es útil para nada». Zhuang-zi le contestó: «Sólo cuando se conoce la inutilidad puede comenzarse a hablar de la utilidad» (cap. xxvi, 7).

Por su parte, el japonés Kakuzo Okakura hace remontar al descubrimiento de lo inútil el salto que ha señalado el paso de la *feritas* a la *humanitas*. En su *Libro del té* (1906), en un apasionado capítulo dedicado a las flores, supone que la poesía amorosa tuvo origen en el momento mismo en el que nació el amor por las flores:

Al ofrecer a su amada la primera guirnalda, el hombre primitivo se eleva sobre la bestia; saltando sobre las necesidades burdas de la naturaleza, se hace humano; percibiendo la sutil utilidad de lo inútil, entra en el reino del arte.

Así, en definitiva, la humanidad ha sabido, con un simple gesto, aprovechar la ocasión para volverse más humana.

24. EUGÈNE IONESCO: LO ÚTIL ES UN PESO INÚTIL

Y, al contrario, Eugène Ionesco dedica reflexiones extraordinarias, hoy más actuales que nunca, a una humanidad extraviada que ha perdido el sentido de la vida. En una conferencia dictada en febrero de 1961 en presencia de otros escritores, el gran dramaturgo reafirma hasta qué punto necesitamos la insustituible inutilidad:

Mirad las personas que corren afanosas por las calles. No miran ni a derecha ni a izquierda, con gesto preocupado, los ojos fijos en el suelo como los perros. Se lanzan hacia adelante, sin mirar ante sí, pues recorren maquinalmente el trayecto, conocido de antemano. En todas las grandes ciudades del mundo es lo mismo. El hombre moderno, universal, es el hombre apurado, no tiene tiempo, es prisionero de la necesidad, no comprende que algo pueda no ser útil; no comprende tampoco que, en el fondo, lo útil puede ser un peso inútil, agobiante. Si no se comprende la utilidad de lo inútil, la inutilidad de lo útil, no se comprende el arte. Y un país en donde no se comprende el arte es un país de esclavos o de *robots*, un país de gente desdichada, de gente que no ríe ni sonríe, un país sin espíritu; donde no hay humorismo, donde no hay risa, hay cólera y odio.

El hombre moderno, que ya no tiene tiempo para detenerse en las cosas inútiles, está condenado a convertirse en una máquina sin alma. Prisionero de la necesidad, ya no está en condiciones de entender que lo útil puede transformarse en «un peso inútil, agobiante» y que si «no se comprende la utilidad de lo inútil, la inutilidad de lo útil, no se comprende el arte». Así, el hombre que no comprende el arte se vuelve un esclavo o un robot, se transforma en un ser sufriente, incapaz de reír y gozar. Y, al mismo tiempo, puede ser presa fácil de un «fanatismo delirante» (pensemos, en las últimas décadas, en los fanatismos religiosos) o de «cualquier rabia colectiva»:

Porque esta gente atareada, ansiosa, que corre hacia una meta que no es humana o que no es más que un espejismo puede, súbitamente, al sonido de cualquier clarín, al llamado de cualquier loco o demonio, dejarse arrastrar por un fanatismo delirante, una rabia colectiva cualquiera, una histeria popular. Las rinocerontitis más diversas, de derecha y de izquierda, constituyen las amenazas que pesan sobre la humanidad que no tiene tiempo de reflexionar, de recuperar su serenidad o su lucidez […].

25. ITALO CALVINO: LO GRATUITO SE REVELA ESENCIAL

Agudo intérprete de las relaciones entre literatura y ciencia, Italo Calvino ocupa un lugar de primer plano entre los defensores de los saberes desinteresados. Nada es más esencial para el género humano, sugiere el novelista y ensayista italiano, que las «actividades que parecen absolutamente gratuitas» e inesenciales:

Muchas veces el empeño que los hombres ponen en actividades que parecen absolutamente gratuitas, sin otro fin que el entretenimiento o la satisfacción de resolver un problema difícil, resulta ser esencial en un ámbito que nadie había previsto, con consecuencias de largo alcance. Esto es tan cierto para la poesía y el arte como lo es para la ciencia y la tecnología.

Y contra toda perspectiva utilitarista, Calvino nos recuerda que los clásicos mismos no se leen porque deban servir para algo: se leen tan sólo por el gusto de leerlos, por el placer de viajar con ellos, animados únicamente por el deseo de conocer y conocernos.

26. EMIL CIORAN Y LA FLAUTA DE SÓCRATES

A tal propósito, Emil Cioran—que dedicará después un breve párrafo de su *Breviario de podredumbre* a la «obsesión insípida por ser útiles»—refiere en *Desgarradura* que, mientras le preparaban la cicuta, Sócrates se ejercitaba con una flauta para aprender una melodía. Y a la pregunta «¿Para qué te servirá?», el filósofo responde impasible: «Para saber esta melodía antes de morir». Y en el comentario a su aforismo, el escritor rumano intenta explicar la esencia del conocer:

Si me atrevo a recordar esta respuesta, trivializada por los manuales, es porque me parece la única justificación seria de la voluntad de conocimiento, tanto si se practica en el umbral de la muerte como en cualquier otro momento.

Para Cioran, toda forma de elevación presupone lo inútil: «Una excepción inútil, un modelo al que nadie haga caso—ese es el rango al que debemos aspirar si queremos enaltecernos ante nosotros mismos».

Pero—pese a ser conscientes de que ninguna creación literaria o artística está ligada a un fin—no hay duda de que, en el invierno de la conciencia que estamos viviendo, a los saberes humanísticos y a la investigación científica sin utilitarismo alguno, a todos estos lujos considerados inútiles, les corresponde cada vez más la tarea de alimentar la esperanza, de transformar su inutilidad en un utilísimo instrumento de oposición a la barbarie del presente, en un inmenso granero en el que puedan preservarse la memoria y los acontecimientos injustamente destinados al olvido.

SEGUNDA PARTE

LA UNIVERSIDAD-EMPRESA
Y LOS ESTUDIANTES-CLIENTES

No tengo ningún talento especial.
Sólo soy apasionadamente curioso.

ALBERT EINSTEIN,
Carta a Carl Seelig

I. LA RETIRADA DEL ESTADO

Antes de pasar a leer algunas páginas de los grandes clásicos de la literatura, quisiera detenerme un momento en los
efectos catastróficos que la lógica del beneficio ha producido en el mundo de la enseñanza. Martha Nussbaum, en su
hermoso libro *Sin fines de lucro*, nos ha proporcionado hace
poco un elocuente retrato de esta progresiva degradación.
En el curso de la última década en buena parte de los países
europeos, con alguna excepción como Alemania, las reformas y los continuos recortes de fondos financieros han tras-
tornado—sobre todo en Italia—la escuela y la universidad.
De manera progresiva, pero muy preocupante, el Estado ha
iniciado un proceso de retirada económica del mundo de la
enseñanza y la investigación básica. Un proceso que ha determinado también, en paralelo, la *secundarización* de las
universidades. Se trata de una revolución copernicana que
en los próximos años cambiará radicalmente la función de
los profesores y la calidad de la enseñanza.

Casi todos los países europeos parecen orientarse hacia
el descenso de los niveles de exigencia para permitir que los
estudiantes superen los exámenes con más facilidad, en un
intento (ilusorio) de resolver el problema de los que pier-

den el curso. Para lograr que los estudiantes se gradúen en los plazos establecidos por la ley y para hacer más *agradable* el aprendizaje no se piden más sacrificios sino, al contrario, se busca atraerlos mediante la perversa reducción progresiva de los programas y la transformación de las clases en un juego interactivo superficial, basado también en la proyección de diapositivas y el suministro de cuestionarios de respuesta múltiple.

Pero hay algo más. En Italia, donde el problema de los que pierden el curso alcanza dimensiones preocupantes, las universidades que logran el objetivo de graduar un estudiante en los años previstos por la ley reciben el premio de una financiación *ad hoc*. Los centros que, por el contrario, no satisfacen los protocolos ministeriales sufren sanciones. De este modo, si se matriculan mil estudiantes en el año 2012, mil graduados deberán tener su título al final del trienio. Una aspiración noble y legítima si a los legisladores, además de la *quantitas*, les interesara también la *qualitas*. Por desgracia, sin embargo, renunciando a evaluar con qué competencias reales concluyen su ciclo de estudios los nuevos titulados, el mecanismo en acto se transforma en una estratagema que empuja a las universidades—cada vez más comprometidas por la penuria de fondos en la búsqueda poco escrupulosa de subvenciones—a hacer lo imposible para producir nuevas hornadas de titulados.

2. LOS ESTUDIANTES-CLIENTES

A los estudiantes, como ha subrayado Simon Leys en una lección sobre la decadencia del mundo universitario, en algunos centros canadienses se los considera ya como *clientes*. El mismo resultado se desprende también de una minuciosa investigación sobre el funcionamiento de una de las más importantes universidades privadas del mundo. En Harvard, según informa Emmanuel Jaffelin en *Le Monde* del 28 de mayo de 2012, las relaciones entre profesores y estudiantes parecen fundarse sustancialmente en una suerte de *clientelismo*: «Dado que paga muy cara la matrícula en Harvard, el estudiante no sólo espera de su profesor que sea docto, competente y eficaz: espera que sea sumiso, porque el cliente siempre tiene razón». En otros términos: las deudas contraídas por los alumnos estadounidenses para financiar sus estudios, cercanas a los mil millardos de dólares, los obligan a ir «más a la búsqueda de ingresos que de saber».

En efecto, el dinero que los matriculados vierten en las arcas universitarias ocupa un puesto de primer rango en los presupuestos elaborados por los rectores y los consejos de administración. Y este dato comienza a cobrar gran importancia también en los centros estatales, donde se intenta atraer a los estudiantes por todos los medios, hasta el punto de promover, como sucede con los automóviles y los productos alimenticios, verdaderas y genuinas campañas publicitarias. Las universidades, por desgracia, venden diplomas y grados. Y los venden insistiendo sobre todo en el aspecto profesionalizador, esto es, ofreciendo cursos y especializaciones a los jóvenes con la promesa de obtener trabajos inmediatos y atractivos ingresos.

3. LAS UNIVERSIDADES-EMPRESAS Y LOS PROFESORES-BURÓCRATAS

Institutos de secundaria y universidades, en definitiva, se han trasformado en empresas. Nada que objetar, si la lógica empresarial se limitase a suprimir los despilfarros y a rechazar las gestiones demasiado alegres de los presupuestos públicos. Pero, en esta nueva visión, el cometido ideal de los directores de instituto y rectores parece ser sobre todo el de producir diplomados y graduados que puedan insertarse en el mundo mercantil. Desposeídos de sus habituales vestimentas de docentes y forzados a ponerse las de gestores, se ven en la obligación de cuadrar las cuentas con el fin de hacer competitivas las empresas que dirigen.

También los profesores se transforman cada vez más en modestos burócratas al servicio de la gestión comercial de las empresas universitarias. Pasan sus jornadas llenando expedientes, realizando cálculos, produciendo informes para (a veces inútiles) estadísticas, intentando cuadrar las cuentas de presupuestos cada vez más magros, respondiendo cuestionarios, preparando proyectos para obtener míseras ayudas, interpretando circulares ministeriales confusas y contradictorias. El año académico transcurre velozmente al ritmo de un incansable metrónomo burocrático que regula el desarrollo de consejos de todo tipo (de administración, de doctorado, de departamento, de curso de graduación) y de interminables reuniones asamblearias.

Parece que nadie se preocupa, como debería, de la calidad de la investigación y la enseñanza. Estudiar (a menudo se olvida que un buen profesor es ante todo un infatigable *estudiante*) y preparar las clases se convierte en estos tiempos en un lujo que hay que negociar cada día con las jerarquías universitarias. No nos damos ya cuenta de que separando completamente la investigación de la enseñanza se acaba por reducir los cursos a una superficial y manualística repetición de lo existente.

Las escuelas y las universidades no pueden manejarse como empresas. Contrariamente a lo que pretenden enseñarnos las leyes dominantes del mercado y del comercio, la esencia de la cultura se funda exclusivamente en la *gratuidad*: la gran tradición de las academias europeas y de antiguas instituciones como el Collège de France (fundado por Francisco I en 1530)—sobre cuya importancia para la historia de Europa ha insistido recientemente Marc Fumaroli en Nápoles, en una apasionada conferencia dictada en la sede del Istituto Italiano per gli Studi Filosofici—nos recuerda que el estudio es en primer lugar adquisición de conocimientos que, sin vínculo utilitarista alguno, nos hacen crecer y nos vuelven más autónomos.[1] Y la experiencia de lo que aparentemente es inútil y la adquisición de un bien no cuantificable de inmediato se revelan *inversiones* cuyos *beneficios* verán la luz en la *longue durée*.

Sería absurdo cuestionar la importancia de la preparación profesional en los objetivos de las escuelas y las universidades. Pero ¿la tarea de la enseñanza puede realmente reducirse a formar médicos, ingenieros o abogados? Privilegiar de manera exclusiva la profesionalización de los estudiantes significa perder de vista la dimensión universal de la función educativa de la enseñanza: ningún oficio puede ejercerse de manera consciente si las competencias técnicas que exige no se subordinan a una formación cultural más amplia, capaz de animar a los alumnos a cultivar su espíritu con autonomía y dar libre curso a su *curiositas*. Identificar al ser humano con su mera profesión constituye un error gravísimo: en cualquier hombre hay algo esencial que va mucho más allá del *oficio* que ejerce. Sin esta dimensión pedagógica, completamente ajena a toda forma de utilitarismo, sería muy difícil, ante el futuro, continuar imaginando ciudadanos responsables, capaces de abandonar los propios

[1] Sobre esta cuestión, véase Marc Fumaroli, *La República de las Letras*, Barcelona, Acantilado, 2013. (*N. del E.*).

egoísmos para abrazar el bien común, para expresar solidaridad, para defender la tolerancia, para reivindicar la libertad, para proteger la naturaleza, para apoyar la justicia...

En una apasionada página de los *Pensamientos* de Montesquieu es posible hallar una escala de valores que suena como una necesaria invitación a superar todo perímetro demasiado limitado para elevarse cada vez más hacia los infinitos espacios de lo universal:

Si supiera alguna cosa que me fuese útil y que resultara perjudicial para mi familia, la expulsaría de mi mente. Si conociera alguna cosa útil para mi familia, pero que no lo fuese para mi patria, trataría de olvidarla. Si conociera alguna cosa útil para mi patria, pero perjudicial para Europa, o útil para Europa y dañina para el género humano, la consideraría un crimen.

4. HUGO: LA CRISIS NO SE SUPERA RECORTANDO LOS FONDOS PARA LA CULTURA SINO DUPLICÁNDOLOS

Habría que imponer a los miembros de los gobiernos europeos la lectura de un apasionado discurso que Victor Hugo pronunció en la Asamblea constituyente. Se remonta al 10 de noviembre de 1848, pero parece formulado ayer mismo. Muchas de las objeciones presentadas por el célebre escritor francés mantienen aún hoy una apabullante actualidad. Frente a la propuesta de los ministros de recortar la financiación de la cultura, el novelista muestra de manera muy persuasiva que se trata de una opción perjudicial y del todo ineficaz:

Afirmo, señores, que las reducciones propuestas en el presupuesto especial de las ciencias, las letras y las artes son doblemente perversas. Son insignificantes desde el punto de vista financiero y nocivas desde todos los demás puntos de vista. Insignificantes desde el punto de vista financiero. Esto es de una evidencia tal que apenas me atrevo a someter a la asamblea el resultado del cálculo proporcional que he realizado [...] ¿Qué pensarían, señores, de un particular que, disfrutando de unos ingresos de 1500 francos, dedicara cada año a su desarrollo intelectual [...] una suma muy modesta: 5 francos, y, un día de reforma, quisiera ahorrar a costa de su inteligencia seis céntimos?

Un ahorro ridículo para el Estado que, sin embargo, se revela mortal para la vida de bibliotecas, museos, archivos nacionales, conservatorios, escuelas y muchas otras importantes instituciones. Y entre ellas, Hugo cita el Collège de France, el Museo de Historia Nacional, la Escuela de Paleografía y numerosos centros culturales de los que Francia debería sentirse orgullosa. De un solo plumazo en los presupuestos, los recortes terminarán por humillar a toda la nación y, al mismo tiempo, a las pobres familias de artistas y poetas abandonadas a su suerte sin ayuda alguna:

Un artista, un poeta, un escritor célebre trabaja toda la vida, trabaja sin pensar en enriquecerse, muere y deja a su país mucha gloria con la sola condición de que se proporcione a su viuda e hijos un poco de pan.

Pero error aún más grave es que el rigor del gasto se aplica en el momento equivocado, cuando el país necesitaría, por el contrario, potenciar las actividades culturales y la enseñanza pública:

¿Y qué momento se elige? Aquí está, a mi juicio, el error político grave que les señalaba al principio: ¿qué momento se elige para poner en cuestión todas estas instituciones a la vez? El momento en el que son más necesarias que nunca, el momento en el que en vez de reducirlas, habría que extenderlas y ampliarlas.

Cuando la crisis atenaza a una nación es más necesario que nunca duplicar los fondos destinados a los saberes y a la educación de los jóvenes, para evitar que la sociedad caiga en el abismo de la ignorancia:

[…] ¿Cuál es el gran peligro de la situación actual? La ignorancia. La ignorancia aún más que la miseria. […] ¡Y en un momento como éste, ante un peligro tal, se piensa en atacar, mutilar, socavar todas estas instituciones que tienen como objetivo expreso perseguir, combatir, destruir la ignorancia!

Para Hugo, no basta sólo con «proveer a la iluminación de las ciudades» pues «también puede hacerse de noche en el mundo moral». Si sólo se piensa en la vida material, ¿quién proveerá a encender «antorchas para las mentes»?

Pero si quiero ardiente y apasionadamente el pan del obrero, el pan del trabajador, que es un hermano, quiero, además del pan de la vida, el pan del pensamiento, que es también el pan de la vida. Quiero multiplicar el pan del espíritu como el pan del cuerpo.

A la enseñanza pública le incumbe la delicada tarea de apartar al hombre de las miserias del utilitarismo y educarlo en el amor por el desinterés y por lo bello («hay que levantar el espíritu del hombre, volverlo hacia Dios, hacia la conciencia, hacia lo bello, lo justo, lo verdadero, hacia lo desinteresado y lo grande»). Un objetivo que para ser cumplido requiere medidas opuestas a las adoptadas por los «gobiernos precedentes» y el actual «comité de finanzas»:

[...] Habría que multiplicar las escuelas, las cátedras, las bibliotecas, los museos, los teatros, las librerías. Habría que multiplicar las casas de estudio para los niños, las salas de lectura para los hombres, todos los establecimientos, todos los refugios donde se medita, donde se instruye, donde uno se recoge, donde uno aprende alguna cosa, donde uno se hace mejor; en una palabra, habría que hacer que penetre por todos lados la luz en el espíritu del pueblo, pues son las tinieblas lo que lo pierden.

Hugo fustiga a una clase política obtusa y miope que, creyendo ahorrar dinero, programa la disolución cultural del país y destruye toda forma de excelencia:

Han caído ustedes en un error deplorable; han pensado que se ahorrarían dinero, pero lo que se ahorran es gloria.

5. TOCQUEVILLE: LAS «BELLEZAS FÁCILES» Y LOS PELIGROS DE LAS DEMOCRACIAS COMERCIALES

A los peligros que pueden correr las democracias comerciales, como la americana, dedicó páginas extraordinarias Alexis de Tocqueville en su famoso ensayo *La democracia en América* (1835-1840). En este lúcido y brillante informe sobre la vida social y política estadounidense, el joven magistrado francés identifica con gran previsión los riesgos que amenazan a las sociedades enteramente entregadas al negocio y el beneficio:

En un gran número de hombres encontramos un afán egoísta, mercantil e industrial por los descubrimientos del espíritu, que no hay que confundir con la pasión desinteresada que prende en el corazón de unos pocos; hay un deseo de utilizar los conocimientos y hay un deseo puro de conocer (II, 1, 10, p. 41).

Precisamente «la ausencia de lo superfluo» y «los constantes esfuerzos a los que todos» se entregan para alcanzar el bienestar hacen «predominar en el corazón del hombre el amor a lo útil sobre el amor a lo bello» (II, 1, 11, p. 45). En una sociedad utilitarista, los hombres acaban amando las «bellezas fáciles» («*beautés faciles*») que no requieren esfuerzos, ni excesivas pérdidas de tiempo («Les gustan los libros que se consiguen con facilidad, que se leen deprisa, que no exigen un detenido estudio para ser comprendidos»; II, 1, 13, p. 55):

A unos espíritus así dispuestos, todo método nuevo que lleve más rápidamente a la riqueza, toda máquina que abrevie el trabajo, todo instrumento que disminuya los gastos de producción, todo descubrimiento que facilite los placeres y los aumente, les parecerá el más magnífico logro de la inteligencia humana. Es ese principalmente el aspecto de las ciencias al que los pueblos democráticos se entregan, y por el que las comprenden y las honran (II, 1, 10, pp. 42-43).

A Tocqueville le parece inevitable que en una «una sociedad organizada de este modo, el espíritu humano se vea insensiblemente llevado a descuidar la teoría» (II, 1, 10, p. 43). En Estados Unidos, en efecto, «no hay casi nadie que se dedique a la parte esencialmente teórica y abstracta de los conocimientos humanos, mostrando en esto la exageración de una tendencia que, creo yo, ha de hallarse, aunque en menor grado, en todos los pueblos democráticos» (II, 1, 10, p. 40). El impulso de lo útil y el envilecimiento de las actividades del espíritu podría tener como efecto que los hombres se deslicen hacia la barbarie: «Si hay pueblos que se dejan arrancar la luz de las manos, también hay otros que la sofocan ellos mismos con los pies» (II, I, 10, p. 45). Esta es la razón por la que «nutrirse principalmente con las obras de la Antigüedad» es «una medida saludable» (II, I, 15, p. 58). Tocqueville no piensa, por supuesto, que los clásicos y las artes sean el único antídoto contra la desertificación del espíritu. Pero está convencido de que los saberes inútiles y desinteresados pueden «servir magníficamente para contrarrestar nuestros defectos particulares» pues ellos nos impiden «caer completamente en nuestras inclinaciones» (II, I, 15, p. 58).

6. HERZEN: LOS MERCADERES SIN TIEMPO

No obstante su antipatía por Tocqueville, también el gran escritor ruso Aleksandr Herzen ve en los mercaderes de su tiempo una clase enteramente consagrada al comercio («lo principal [...] es la mercancía, el negocio, la cosa... Lo principal es la *propiedad*»; p. 552). En *El pasado y las ideas*, de hecho, describe con extraordinaria eficacia el evangelio que inspira sus comportamientos:

Enriquécete, multiplica tus ingresos como los granos de arena en el mar, utiliza y gasta a manos llenas tu capital financiero y moral, aunque sin arruinarte, y así, ahíto y honroso, alcanzarás la longevidad, casarás a tus hijos y dejarás un buen recuerdo de tu paso por el mundo (p. 558).

Quien sólo aspira a vender la mercancía exponiéndola en un escaparate y a comprar a mitad de precio termina ofreciendo «una porquería como si fuera buen género» y, al mismo tiempo, cultivando las apariencias («[optando por] *parecer* en lugar de *ser*»; p. 556). En un contexto social en el que se atiende más a la «respetabilidad exterior» que a «la dignidad interior» no es sorprendente que «la ignorancia más supina se tenga por una suerte de educación». Y puesto que lo inútil,

todo lo que se aparta de las relaciones comerciales y de la *explotación* de la propia posición se aleja de lo *esencial* [en la sociedad pequeño-burguesa], su educación tiene que ser por fuerza limitada (p. 556).

Allí donde la vida se configura como «una perpetua lucha por la obtención de dinero», el hombre acaba «*de facto*» transformado «en un bien más del sistema de la propiedad» (p. 554):

La vida se redujo a un juego similar al de la bolsa de valores y todo—las redacciones de los periódicos, las reuniones de electores y las cámaras legislativas—se ha convertido en una permanente sucesión de casas de cambio y mercados (p. 555).

7. BATAILLE: EL LÍMITE DE LO ÚTIL Y LA VITALIDAD DE LO SUPERFLUO

De las páginas de *El límite de lo útil* de Georges Bataille se desprende un implacable análisis de la economía en clave antiutilitarista. Un ensayo, esbozado en varias redacciones entre 1939 y 1945, que el autor no cerrará nunca de manera definitiva. Los capítulos que han llegado hasta nosotros, sin embargo, contienen una serie de reflexiones fragmentarias en las que se enfrentan dos visiones opuestas del mundo: la que se funda en la idea obsesiva de lo útil y la que se centra en el don sin perspectiva alguna de beneficio. Una oposición radical que se traduce en dos concepciones antinómicas de la vida: por una parte una existencia sacrificada dentro de una economía restringida (en la que sólo existe lo que puede aplicarse a la producción y el crecimiento) y por otra parte una existencia a medida de la infinitud de un universo que se caracteriza por el lujoso dispendio de energías (en el cual, más allá de todo límite, se vuelve necesario precisamente aquello que se considera *improductivo*).

En una carta a Jérôme Lindon, en la que Bataille explica a su interlocutor el proyecto editorial de una nueva colección, los términos del conflicto son sintetizados con extrema claridad:

A mi juicio, la ley general de la vida reclama que en condiciones nuevas un organismo produzca una suma de energía mayor que aquella que necesita para subsistir. De ello se desprende una de estas dos cosas: el excedente de energía disponible puede ser empleado en el crecimiento o en la reproducción; de no ser así, finalmente se derrocha. En el dominio de la actividad humana, el dilema adquiere esta forma: o se emplea la mayor parte de los recursos disponibles (es decir, del trabajo) en fabricar nuevos medios de producción—y entonces tenemos la economía capitalista (la acumulación, el crecimiento de las riquezas)—o se derrocha el excedente sin tratar de aumentar el potencial de producción—y entonces tenemos la economía de fiesta (pp. 377-378).

Así, el uso diferente de lo superfluo produce dos actitudes antitéticas que se reflejan inevitablemente en las nociones de *humanidad* y *tiempo*:

En el primer caso, el valor humano es función de la productividad; en el segundo, se asocia a los más bellos logros del arte, a la poesía, al pleno desarrollo de la vida humana. En el primer caso, no nos ocupamos sino del futuro, al cual subordinamos el presente; en el segundo, sólo cuenta el instante presente, y la vida es liberada, al menos de tiempo en tiempo, y en la medida de lo posible, de las consideraciones serviles que dominan un mundo consagrado al crecimiento de la producción (p. 378).

Bataille, consciente del hecho de que «estas dos clases de sistemas de valores no pueden existir en estado puro» porque «hay siempre un mínimo de transacción» (p. 378), intenta en cualquier caso brindar ejemplos concretos extraídos de la historia en los que el *derroche* y lo *superfluo* han desempeñado un papel importante en la superación del límite de lo *útil*. En la civilización azteca o en los *potlatch* practicados por algunas tribus norteamericanas es posible encontrar una cultura del don (testimonio de una economía de la dilapidación y el dispendio) en la cual Bataille funda su noción de *comportamientos gloriosos*:

Lo que he dicho de los «comportamientos gloriosos» de los comerciantes mexicanos nos lleva a la refutación de los principios utilitarios sobre los que descansa esta civilización inhumana. Apoyándome en el análisis de hechos poco conocidos hasta ahora, plantearé una idea nueva de la historia económica. Me será fácil mostrar que los «comportamientos útiles» no tienen valor *en sí mismos*: sólo nuestros «comportamientos gloriosos» determinan la vida humana y le dan un valor (II, 1, 3, pp. 33-34).

Ahora bien—con independencia de las críticas que se han dirigido contra la interpretación antropológica de los «comportamientos gloriosos», en los que el filósofo francés incluye también las guerras y los ritos sacrificiales religiosos («Me gustaría demostrar que existe una equivalencia entre la *guerra*, el *sacrificio ritual* y la *vida mística*: que se trata del mismo juego de "éxtasis" y de "terrores" con los que el hombre se suma a los juegos del cielo»; VI, p. 107)—, no deja de ser interesante el esfuerzo realizado por Bataille para reconocer en el gratuito «don de sí» una concepción antiutilitarista de la vida. En un contexto capitalista, dominado por «una indiferencia total hacia el interés público» (III, 1, 6, p. 64), la «ley del dispendio», por el contrario, toma en consideración sólo aquellos «movimientos vitales que no están sujetos a ninguna medición *objetiva*» (IV, p. 94). Pero la gloriosa lógica de lo *superfluo* se ha encaminado al ocaso cuando el capitalismo ha exigido «la renuncia del hombre al despilfarro de las fiestas» y a «otros gastos similares» para evitar que se volatilicen energías que son útiles, a su vez, para «desarrollar la producción» y la acumulación (III, 2, 1, p. 67). Al perder este *exceso*, la humanidad ha perdido los valores de una civilización en la cual lo gratuito y el don contribuían a conceder un significado más humano a la vida.

Bataille, al destruir a martillazos la nefasta idea de lo útil, anota también una frase que, hoy, podría ser considerada como una profecía: «Los gobernantes que sólo consideran la utilidad se hunden» (IV, p. 91).

8. CONTRA LA UNIVERSIDAD
PROFESIONALIZADORA: JOHN HENRY NEWMAN

Los ensayos sobre la universidad de John Henry Newman se plantean como una calurosa defensa del valor universal de la educación. En sus *Discursos sobre la educación universitaria* se rechaza de manera radical el vínculo, que algunos querrían prioritario, entre utilidad y formación universitaria:

[Algunos hombres eminentes] insisten en que la educación debe limitarse a algún fin particular y concreto, y desembocar en un resultado que se pueda pesar y medir. Argumentan como si toda cosa y toda persona tuvieran su precio; y piensan que donde ha habido una gran inversión, existe el derecho a esperar un gran resultado. Consideran que este planteamiento equivale a hacer útiles la educación y la instrucción, y su término clave es *utilidad*. Equipados con un principio fundamental de esta naturaleza, proceden lógicamente a preguntar con qué se justifican los gastos de una universidad, y cuál es el valor real en el mercado del artículo llamado «educación liberal» [...] (VII, § 2, pp. 166-167).

Para Newman es falsa la tesis según la cual «solamente lo útil merece ser buscado, y la vida no es suficientemente larga como para ser empleada en llamativas, curiosas o brillantes trivialidades» (VII, § 4, p. 174). Y es también falso el corolario que deriva de ella: «que ninguna educación es útil si no nos enseña una dedicación práctica, o una actividad técnica, o algún secreto de la física» (VII, § 6, p. 178).

Contra toda concepción comercial de la educación, Newman reafirma la importancia del saber en sí. Pero ello no significa que un itinerario formativo sin ataduras profesionalizadoras, y la adquisición del conocimiento en sí, no puedan procurar de todos modos una cierta *utilidad*, una serie de ventajas que el individuo podrá obtener al final de su recorrido universitario:

Cuando afirmo que el saber no es solamente un medio para lograr algo que está más allá o el momento preliminar de ciertos actos en los que naturalmente desembocará, sino un fin suficiente donde permanecer y que buscar por sí mismo, no estoy formulando ninguna paradoja, pues digo algo que es inteligible en sí [...]. No niego en absoluto que determinados bienes nos vengan y desemboquen en otros, más allá y por encima del saber en sí mismo (V, § 2, pp. 126-127).

El saber en sí, en definitiva, incluso «aunque no se emplee para otra cosa ni sirva a un fin directo», desarrolla de tal manera el espíritu de quien lo ha adquirido que se revela en cualquier caso beneficioso:

Un gran bien impartirá un gran bien. Si el intelecto es un aspecto tan excelente de nuestro ser, y su desarrollo resulta tan magnífico, [...] será útil a su posesor y a todos los que le rodean, en un auténtico y elevado sentido del término. No digo útil en un sentido vulgar, mecánico y mercantil, sino como un bien que se difunde, o una bendición, o un don, un poder o un tesoro, primero para quien lo posee, y a través de él para el mundo entero. (VII, § 5, pp. 175-176).

Así, para Newman—al margen de los temas teológicos y las tensiones religiosas que se traslucen en sus escritos— «el desarrollo general de la mente» tiene la primacía sobre el «estudio profesional y científico», en la convicción de que «los hombres con una educación pueden realizar lo que los incultos no son capaces de hacer» (VII, § 6, p. 177).

9. ¿PARA QUÉ SIRVEN LAS LENGUAS DEL PASADO? JOHN LOCKE Y ANTONIO GRAMSCI

¿Cuántos lectores estarán todavía interesados en estas apasionadas páginas de Newman? Probablemente no muchos, si se considera que la lógica utilitarista se abate implacable también sobre las disciplinas estudiadas en los *curricula* escolares y universitarios. ¿Para qué enseñar las lenguas clásicas en un mundo en el que ya no se hablan y, sobre todo, no ayudan a encontrar trabajo?

Entre los míseros argumentos de los nuevos gestores de la enseñanza, parecen adquirir carta de naturaleza, una vez más, algunas reflexiones de Locke (aunque, en honor de la verdad, el filósofo británico, a pesar de sus feroces críticas, consideraba que el aprendizaje del latín era a fin de cuentas necesario para la formación de un *gentleman*):

Quizá no haya nada más ridículo que ver a un padre gastar su dinero, y el tiempo de su hijo, para hacerle aprender la lengua de los romanos cuando le destina al comercio o a una profesión en la que no se hace ningún uso del latín; no puede dejar de olvidar lo poco que ha aprendido en el colegio, y que nueve veces, de diez, le inspiró repugnancia a causa de los malos ratos que le ha valido este estudio.

Ante estas consideraciones, dictadas por el más extremo utilitarismo, hoy haría sonreír la sentida invitación a estudiar latín y griego que Antonio Gramsci lanzó, en el año 1932, en una vibrante página de sus *Cuadernos de la cárcel*:

En la vieja escuela el estudio gramatical de las lenguas latina y griega, unido al estudio de las literaturas e historias políticas respectivas, era un principio educativo en la medida en que el ideal humanista, que se encarnaba en Atenas y Roma, estaba difundido en toda la sociedad, era un elemento esencial de la vida y la cultura nacional. [...] Las nociones aisladas no eran asimiladas para un fin inmediato práctico-profesional: el aprendizaje parecía desinteresado, porque el interés era el desarrollo interior de la personalidad. [...] No se aprendía el latín y el griego para hablarlos, para trabajar como camareros, como intérpretes, como agentes comerciales. Se aprendía para conocer directamente la civilización de ambos pueblos, presupuesto necesario de la civilización moderna, o sea, para ser uno mismo y conocerse a uno mismo conscientemente.

Pero—no obstante los numerosos llamamientos de protesta en varios países europeos y la publicación de volúmenes enteros dedicados a la defensa de las lenguas clásicas en Francia y en Italia, por obra de una minoría ilustrada de profesores-resistentes y de intelectuales-militantes—nadie parece tener ya fuerza para detener el declive. A los estudiantes se les disuade de emprender carreras que no producen recompensas tangibles y ganancias inmediatas. Poco a poco, el creciente desapego al latín y el griego llevará a cancelar definitivamente una cultura que nos posee y que de manera indiscutible nutre nuestro saber.

Lo vio claramente Julien Gracq al denunciar, en un artículo publicado en *Le Monde des Livres* del 5 de febrero de 2000, el triunfo, en la enseñanza, de una comunicación cada vez más trivial y fundada en la progresiva imposición del inglés en detrimento de las lenguas consideradas inútiles, como el latín:

Además de su lengua materna, en el pasado los escolares aprendían una sola lengua, el latín: no tanto una lengua muerta como el *stimulus* artístico incomparable de una lengua enteramente filtrada por una literatura. Hoy aprenden inglés, y lo aprenden como un esperanto que ha triunfado, es decir, como el camino más corto y más cómodo para la comunicación trivial: como un abrelatas, un *passe-partout* universal. Se trata de una gran diferencia que no puede dejar de tener consecuencias: hace pensar en la puerta inventada tiempo atrás por Duchamp, que sólo abría una habitación cerrando otra.

Y si, naturalmente, gracias a estas tendencias sólo unos pocos estudiantes se inscriben en los cursos de latín y griego, la solución para resolver el problema del coste de los profesores parece ser simple: clausurar su enseñanza. El mismo razonamiento vale para el sánscrito o para cualquier otra lengua antigua.

En algunas facultades o en algunos departamentos, están en peligro incluso disciplinas como la filología y la paleografía. Esto significa que cuando pasen unas pocas décadas—cuando se hayan jubilado los últimos filólogos, los últimos paleógrafos y los últimos estudiosos de las lenguas del pasado—habrá que cerrar bibliotecas y museos y renunciar, incluso, a excavaciones arqueológicas y a la reconstrucción de textos y documentos. Y todo ello tendrá ciertamente consecuencias desastrosas para el destino de la democracia (como ha mostrado hace poco Yves Bonnefoy en una apasionada defensa del latín y la poesía) y de la libertad (como ha subrayado Giorgio Pasquali, que veía en la recuperación filológica de la autenticidad de los textos una praxis fundada en el apoyo mutuo de verdad y libertad).

Por este camino, se acabará liquidando la memoria a fuerza de progresivos barridos que conducirán a la amnesia total. La diosa Mnemosyne, madre de todas las artes y todos los saberes en la mitología grecorromana, se verá obligada a abandonar la Tierra para siempre. Y con ella, por desgracia, desaparecerá de entre los seres humanos todo deseo de interrogar el pasado para comprender el presente e imaginar el futuro. Tendremos una humanidad desmemoriada que perderá por entero el sentido de la propia identidad y la propia historia.

10. LA DESAPARICIÓN PROGRAMADA DE LOS CLÁSICOS

En este contexto, los clásicos (de la filosofía y la literatura) ocupan un lugar cada vez más marginal en las escuelas y universidades. Los estudiantes pasan largos años en las aulas de un instituto o de un centro universitario sin leer nunca íntegros los grandes textos fundacionales de la cultura occidental. Se nutren sobre todo de sinopsis, antologías, manuales, guías, resúmenes, instrumentos *exegéticos* y *didácticos* de todo tipo. En vez de sumergirse directamente en la lectura de Ariosto o de Ronsard, de Platón o de Shakespeare—que les robaría demasiado tiempo y les exigiría esfuerzos hermenéuticos y lingüísticos excesivos— se les anima a valerse de atajos, representados por los numerosos *florilegios* que han invadido el mercado editorial.

Se trata de una política escolar perversa que ha terminado por condicionar de manera irreversible también las elecciones programáticas de los editores. En Italia las grandes colecciones de clásicos han sido reducidas al silencio: «Gli Scrittori d'Italia» de Laterza (fundada por Benedetto Croce), los «Classici Mondadori», la «Letteratura Italiana» Ricciardi (cuyo relanzamiento anuncia ahora Treccani) y, desde hace algunos años, también las colecciones de Utet. En Francia la gloriosa editorial Les Belles Lettres resiste con grandes esfuerzos notando cada vez más la dificultad que comporta hallar colaboradores capaces de realizar ediciones críticas de textos latinos y griegos. Otras dos grandes colecciones de clásicos—la «Loeb Classical Library» y la «Oxford Classical Texts»—se ven afectadas por los mismos problemas. En otros países europeos las editoriales suelen oponer grandes resistencias a proyectos de ediciones de clásicos que no estén respaldados por sustanciosas financiaciones. Y todo ello sucede mientras la literatura secundaria se multiplica con desmesura.

Difícilmente la pasión por la filosofía o por la poesía, por la historia del arte o por la música, podrá brotar de la lectura de materiales didácticos que, siendo en principio simples apoyos, acaban por sustituir definitivamente a las obras de las que hablan: los textos, en definitiva, se convierten en puros pre-textos.

II. EL ENCUENTRO CON UN CLÁSICO PUEDE CAMBIAR LA VIDA

Sin embargo, no es posible concebir ninguna forma de enseñanza sin los clásicos. El encuentro entre el docente y el alumno presupone siempre un «texto» del que partir. Sin este contacto directo, los estudiantes tendrán dificultades para amar la filosofía o la literatura y, a su vez, los profesores perderán la oportunidad de aprovechar al máximo sus cualidades para despertar pasión y entusiasmo en los alumnos. Al cabo, se romperá definitivamente el hilo que había mantenido unidas la palabra escrita y la vida, el círculo que había permitido a los jóvenes lectores aprender de los clásicos a escuchar la voz de la humanidad aun antes de que, con el tiempo, la vida misma les enseñase a comprender mejor la importancia de los libros que nos han nutrido.

Las muestras de pasajes escogidos no bastan. Una antología no tendrá nunca la fuerza para estimular reacciones que sólo la lectura íntegra de una obra puede producir. Y, dentro del proceso de aproximación a los clásicos, el profesor puede desempeñar una función importantísima. Basta hojear las biografías o las autobiografías de grandes estudiosos para descubrir casi siempre el recuerdo del encuentro con un docente que, durante los estudios secundarios o superiores, fue decisivo para orientar la curiosidad hacia esta o aquella disciplina. Todos nosotros hemos podido experimentar hasta qué punto la inclinación hacia una materia específica ha sido suscitada, con mucha frecuencia, por el carisma y la habilidad de un profesor.

La enseñanza, de hecho, implica siempre una forma de seducción. Se trata de una actividad que no puede considerarse un *oficio*, sino que en su forma más noble presupone una sincera vocación. El verdadero profesor, por lo tanto, *toma los votos*. Esta es la razón por la que George Steiner ha hecho bien recordándonos que una «mala enseñanza es, casi literalmente, asesina y, metafóricamente, un pecado». Una manera de enseñar mediocre, en efecto, «una rutina pedagógica, un estilo de instrucción que, conscientemente o no, sea cínico en sus metas meramente utilitarias, son destructivos». El encuentro auténtico entre maestro y alumno no puede prescindir de la pasión y el amor por el conocimiento. «No se conoce—recordaba Max Scheler, citando a Goethe—sino lo que se ama, y cuanto más profundo y cabal quiera ser el conocimiento, más fuerte, vigoroso y vivo debe ser el amor, incluso la pasión». Pero, para retomar nuestro hilo conductor, la pasión y el amor, si son realmente genuinos, presuponen en todo caso gratuidad y desinterés: sólo en estas condiciones el encuentro con un maestro o con un clásico podrá cambiar de verdad la vida del estudiante o del lector.

12. LAS BIBLIOTECAS AMENAZADAS: EL CASO CLAMOROSO DEL WARBURG INSTITUTE

La lógica empresarial, por desgracia, puede también poner en peligro la existencia de grandes bibliotecas e institutos de investigación de prestigio internacional. La biblioteca del Warburg Institute de Londres, sólo por citar un ejemplo significativo, es una de las más importantes del mundo. No sólo por su patrimonio en libros (alrededor de trescientos cincuenta mil volúmenes) y por la riqueza de su fototeca (en torno a cuatrocientas mil imágenes), sino por el papel que ha desempeñado y desempeña en la cultura europea. Baste pensar en la singular naturaleza de esta biblioteca, cuya estructura evoca la de un libro: la situación de cada volumen individual y la organización temática de los estantes siguen una precisa lógica que refleja una visión unitaria de los saberes y de sus conexiones, de acuerdo con las ideas de Aby Warburg y sus ilustres amigos. El lector que busca un determinado libro se llevará la sorpresa de encontrar al lado unos cuantos libros más que tratan temas análogos o próximos.

Para escapar de la barbarie del nazismo, la biblioteca se transfiere a Londres en 1934, antes de asociarse en 1944 con la University of London. Por el instituto de Woburn Square han pasado, en el curso del siglo xx, muchos de los más importantes estudiosos del Renacimiento: desde Ernst Cassirer hasta Rudolf Wittkover, desde Ernst Gombrich hasta Erwin Panofsky, desde Fritz Saxl hasta Michael Baxandall, desde Frances Yates hasta Edgar Wind, desde Paul Oskar Kristeller hasta Carlo Dionisotti, desde Giovanni Aquilecchia hasta Anthony Grafton.

Pero, a pesar de su prestigiosa historia y su inmenso patrimonio en libros, que constituyen un *unicum* en los estudios sobre el Renacimiento, la vida de la biblioteca corre peligro desde hace muchos años: un proyecto de fusión de varios institutos, diseñado desde la cúspide de la universidad para reducir drásticamente los costes de gestión, amenaza la independencia del Warburg. Por fortuna, la indispensable unidad entre biblioteca e instituto fue subrayada por la propia familia del fundador en el acuerdo estipulado con las autoridades académicas londineses. Ironía de la historia: nacida gracias al hijo de un rico banquero que había renunciado a su parte de herencia para obtener a cambio la libertad de adquirir libros, la biblioteca se ve hoy amenazada por opciones ligadas a la exclusiva conveniencia económica (¿cuánto podría rendir un edificio entero en el centro de Londres si se destinara a actividades *productivas*?). Aunque, por el momento, rige una tregua entre los contendientes, los miembros del Warburg no bajan la guardia. Saben perfectamente que la batalla no ha concluido aún y que el conflicto podría reavivarse. ¿Vencerá la biblioteca? ¿O prevalecerá, por el contrario, la lógica mercantil del beneficio?

El desinterés por la vida de los libros parece ya extenderse por todas partes. En Italia, durante el pasado verano (agosto de 2012), los periódicos y las televisiones difundieron la chocante noticia de que la biblioteca del Istituto Italiano per gli Studi Filosofici, en torno a trescientos mil volúmenes, estaba siendo empaquetada para su almacenamiento en un depósito de la periferia de Nápoles. Su presidente, el abogado Gerardo Marotta, mientras las cajas partían en camiones, denunciaba la indiferencia y el inmovilismo de las instituciones regionales y locales ante el abandono de un gran patrimonio en libros. También en Nápoles, durante los mismos meses, despertó consternación y estupor la noticia del saqueo de la antigua Biblioteca dei Girolamini, frecuentada por Giambattista Vico, de la que han desaparecido textos y manuscritos raros y de gran valor.

¿Habrá aún gobernantes capaces de dejarse conmover por las palabras—dirigidas en una carta del 31 de mayo de 1468 al dux Cristoforo Moro—con las que el cardenal Bessarión acompañaba el legado de su importante biblioteca (cuatrocientos ochenta y dos volúmenes griegos y doscientos sesenta y cuatro latinos) a la ciudad de Venecia?

Los libros contienen las palabras de los sabios, los ejemplos de los antiguos, las costumbres, las leyes y la religión. Viven, discurren, hablan con nosotros, nos enseñan, aleccionan y consuelan, hacen que nos sean presentes, poniéndonoslas ante los ojos, cosas remotísimas de nuestra memoria. Tan grande es su dignidad, su majestad y en definitiva su santidad, que si no existieran los libros, seríamos todos rudos e ignorantes, sin ningún recuerdo del pasado, sin ningún ejemplo. No tendríamos ningún conocimiento de las cosas humanas y divinas; la misma urna que acoge los cuerpos, cancelaría también la memoria de los hombres.

13. LA DESAPARICIÓN DE LAS LIBRERÍAS HISTÓRICAS

Pero por desgracia la avalancha de catástrofes no se detiene aquí. También la identidad de las librerías se ha visto desfigurada por las exigencias mercantiles. Lugares históricos de encuentro, donde era posible hallar en cualquier momento textos y ensayos de fundamental importancia, hoy se han convertido en cajas de resonancia de obras a la moda, cuyo éxito puede parangonarse a efímeras llamaradas. Si, por un lado, es imposible olvidar en París la PUF, cerca de la Sorbona, o la mítica Divan en Saint Germain (cuyos locales, destinados durante décadas a otras actividades comerciales más rentables, sólo desde hace unos meses han sido restituidos a los libros gracias al traslado de La Hune), por otra parte es también imposible ignorar la transformación de librerías que poco a poco han eliminado la erudición y reducido considerablemente la presencia de los clásicos (pensemos en la cadena de tiendas FNAC) para dar amplio espacio en los estantes a libros recién publicados y sostenidos por el éxito mediático. El mismo discurso vale para Italia: muchas librerías históricas están desapareciendo (pensemos, por ejemplo, en la ciudad de Nápoles, donde el cierre de Treves ha suscitado reacciones de protesta) mientras que las grandes cadenas de venta se ven impelidas a adecuarse a la lógica del mercado.

Son pocas las islas de resistencia (Vrin, La Compagnie, Les Belles Lettres, La Procure en París o Tombolini en Roma y Hoepli en Milán) en las que el lector puede todavía encontrar los textos fundamentales casi siempre disponibles. Los libreros mismos, con algunas raras excepciones, no son ya los de otros tiempos, capaces de ofrecer a los lectores preciosas sugerencias sobre una novela o un ensayo. Su libertad de elección se ve hoy limitada por los intereses de los grandes distribuidores que, imponiendo sus publicaciones de acuerdo con criterios puramente comerciales, no consideran que la calidad sea un valor esencial. Sin responsabilidad, los libreros se transforman en simples empleados cuya tarea principal es vender productos con el mismo espíritu de quien trabaja en un anónimo supermercado.

14. LA INESPERADA UTILIDAD DE LAS CIENCIAS INÚTILES

Pero el elogio de la útil inutilidad de la literatura y la filosofía no debe, sin embargo, inducir a engaño. Quisiera decir claramente—y no lo hago sólo para tranquilizar a los colegas científicos—que en estas páginas no me propongo en absoluto volver a plantear la dañina contraposición entre saberes humanísticos y saberes científicos. Al contrario: consciente de las distintas funciones de unos y otros, estoy firmemente convencido de que también la ciencia ha ocupado y ocupa un lugar importante en la batalla contra las leyes del mercado y el beneficio. Es bien sabido que de trabajos científicos considerados en apariencia inútiles, esto es, no dirigidos a un preciso objetivo práctico, se ha derivado después una inesperada utilidad. Los inventos de Guglielmo Marconi habrían sido impensables sin las investigaciones sobre las ondas electromagnéticas que realizaron James Clerk Maxwell y Heinrich Rudolf Hertz: estudios, conviene hacer hincapié en ello, inspirados tan sólo por la necesidad de satisfacer una curiosidad puramente teórica. Basta releer las extraordinarias páginas de Abraham Flexner dedicadas a estos temas—que no por azar he querido reproducir en apéndice a mi trabajo— para entender que genios como Galileo o Newton cultivaron su curiosidad sin obsesionarse por lo útil y el beneficio. De hecho, los descubrimientos fundamentales que han revolucionado la historia de la humanidad son fruto, en gran parte, de investigaciones alejadas de cualquier objetivo utilitarista.

También en este sector, la progresiva retirada del Estado obliga cada vez más a universidades y centros de investigación a pedir fondos a empresas privadas y multinacionales. Se trata, en cualquier caso, de proyectos dirigidos a la realización de un producto que pueda lanzarse al mercado o utilizarse dentro de la misma empresa. Y sin querer disminuir la importancia de estas contribuciones al progreso de la ciencia, parece sin embargo quedar muy lejos el clima de libertad del que habla Flexner a propósito del Institute for Advanced Study de Princeton, que ha hecho posible las grandes revoluciones científicas. La llamada investigación básica, en otros tiempos financiada con dinero público, no parece ya despertar ningún interés.

Y a la luz de estos desarrollos, ¿puede considerarse casual el hecho de que en las últimas décadas las «estafas» en las investigaciones científicas hayan aumentado unas diez veces con respecto al pasado? En su reciente denuncia de este fenómeno, Arturo Casadevall, profesor del Albert Einstein

College de Medicina de Nueva York, nos ofrece cifras que suenan como una señal de alarma: sólo en 2007 se retiró por fraude una proporción de noventa y seis estudios de cada millón. Un dato preocupante si pensamos que entre los factores decisivos de esta tendencia, ocupan un lugar destacado los condicionamientos ejercidos sobre la biomedicina por intereses económicos. Nadie ha olvidado el famoso caso del artículo contra las vacunas publicado el año 1998 en *Lancet* por Andrew Wakefield y después retirado a consecuencia de la condena del autor por graves conflictos de intereses en el plano científico y financiero.

15. ¿QUÉ SE GANA CON UN TEOREMA? DE EUCLIDES A ARQUÍMEDES

No sólo Aristóteles, sino también anécdotas y biografías de ilustres científicos que han conocido una amplia circulación atestiguan que el mundo clásico fue consciente de la distinción entre ciencia puramente especulativa (y, por lo tanto, desinteresada) y ciencia aplicada. Pensemos, por ejemplo, en lo que Estobeo nos cuenta sobre Euclides: para responder al interrogante de un alumno suyo—que, apenas hubo aprendido un primer teorema, le preguntó: «Pero ¿qué ganancia obtendré con esto?»—el famoso matemático hizo venir a un esclavo y le ordenó dar una moneda al estudiante «ya que [este] necesita sacar algún beneficio de lo que aprende».

O releamos los pasajes en los que Plutarco evoca el desprecio que Arquímedes sentía «por la mecánica aplicada», hasta el punto de considerar poco decoroso para un científico escribir sobre cuestiones ligadas a la tecnología:

Arquímedes llegó a poseer tan gran inteligencia y profundidad de pensamiento, tanta riqueza de conocimientos que sobre los asuntos en los que tuvo renombre y fama no humana, sino propios de una inteligencia divina, no quiso dejar ningún tratado; considerando que las ocupaciones relativas a la mecánica y, en general, todo género de arte tocante a lo útil era innoble y vil, puso su propia estimación sólo en aquello en lo que la belleza y la excelencia se dan sin mezcla con lo útil, cosas que, por un lado, son incomparables con las demás y, por otro, contraponen la materia a la demostración [...].

Sería imprudente tomar el relato de Plutarco al pie de la letra, como hicieron en el pasado algunos ilustres historiadores de la ciencia. El interés de Arquímedes por la llamada mecánica aparece en varios de sus escritos y, de manera concreta, en muchas célebres invenciones. Pero, pese a todo, el retrato del científico esbozado por el filósofo griego, probablemente condicionado en parte por sus convicciones platónicas, atestigua que los antiguos percibían claramente la diferencia entre teoría (desinteresada) y técnica.

16. POINCARÉ: LA «CIENCIA NO ESTUDIA LA NATURALEZA» PARA BUSCAR «LO ÚTIL»

Se trata de problemas que encuentran importantes desarrollos también en las reflexiones de Henri Poincaré. En efecto, el gran científico y epistemólogo distingue netamente, en su ensayo *El valor de la ciencia* (1904), entre «prácticos intransigentes» y «curiosos de la naturaleza»: los primeros piensan solamente en el beneficio, mientras que los segundos buscan entender qué clase de indagaciones pueden servirnos para ampliar nuestro conocimiento. La diferencia entre ambas actitudes se manifiesta de manera inequívoca cuando se plantea la pregunta «para qué sirven las matemáticas»:

Sin duda a menudo se os ha preguntado para qué sirven las matemáticas, y si esas delicadas construcciones que sacamos enteramente de nuestro espíritu son artificiales y concebidas por nuestro capricho. Debo hacer una distinción entre las personas que hacen esta pregunta. Las gentes prácticas reclaman de nosotros solamente el medio para ganar dinero. Ésas no merecen que se les responda; más bien convendría preguntarles para qué acumular tantas riquezas y si, para tener tiempo de adquirirlas, es necesario despreciar el arte y la ciencia, únicos que nos dotan de almas capaces de gozarlas, *et propter vitam vivendi perdere causas* (p. 93).

La cita de un famoso hexámetro de las *Sátiras* de Juvenal:

summum crede nefas animam praeferre pudori
et propter vitam vivendi perdere causas

[ten por infamia suprema preferir la vida al honor | y para salvar la vida perder la razón de vivir],

revela de inmediato la crítica del ilustre epistemólogo a quienes anteponen (en clave utilitarista) la conservación de la vida a los grandes valores del vivir. Una vida sin virtud y sin principios no es vida (el mismo verso de Juvenal aparece de nuevo en otros contextos desde Kant hasta Lacan). Así, «una ciencia construida únicamente en vista de sus aplicaciones» es una ciencia «imposible», porque «las verdades sólo son fecundas si están encadenadas entre sí». Y «si uno se consagra solamente a aquellas [verdades] de las cuales se espera un resultado inmediato faltarán los eslabones intermedios y no habrá más cadena» (p. 93).

Pero, al lado «de los prácticos intransigentes», Poincaré sitúa a «los que solamente son curiosos de la naturaleza, que nos preguntan si estamos en condiciones de hacérsela conocer mejor». A estos el científico francés responde explicando para qué sirven las matemáticas:

Las matemáticas tienen un triple fin. Deben suministrar un instrumento para el estudio de la naturaleza. Pero eso no es todo; tienen un fin filosófico y, me atrevo a decirlo, un fin estético. Deben ayudar al filósofo a profundizar las nociones de número, de espacio, de tiempo. Y, sobre todo, sus adeptos encuentran en ellas goces análogos a los que proporcionan la pintura y la música (p. 94).

Los matemáticos «admiran la delicada armonía de los números y de las formas» y «se maravillan cuando un nuevo descubrimiento les abre una perspectiva inesperada». Así, la alegría que experimentan puede identificarse con la de carácter estético, «aunque los sentidos no tomen parte alguna en ella». Por estas razones, «las matemáticas merecen ser cultivadas por sí mismas, y [...] las teorías que no pueden ser aplicadas a la física deben serlo tanto como las otras». Para Poincaré, en definitiva, incluso «cuando el fin físico y el fin estético no sean solidarios, no deberíamos sacrificar ni uno ni otro» (p. 94).

La analogía entre matemáticos y escritores se concreta también en la creación de una lengua: «Los escritores que embellecen una lengua, que la tratan como un objeto de arte, la hacen al mismo tiempo más flexible, más apta para expresar los matices del pensamiento», como «el analista que persigue un fin puramente estético contribuye, por eso mismo, a crear una lengua más adaptada para satisfacer al físico» (p. 95).

En la introducción a la edición americana de *El valor de la ciencia*—publicada en Nueva York en 1907 y después retomada en el volumen *Ciencia y método* de 1908—Poincaré vuelve a interrogarse sobre el tema de la utilidad. Y lo hace a partir de algunas reflexiones sobre la ciencia efectuadas por el gran escritor ruso Lev Tolstói:

Es indudable que la palabra *utilidad* no tiene para él [Tolstói] el sentido que le atribuyen los hombres de negocios, y con ellos la mayoría de nuestros contemporáneos. Él se preocupa poco de las aplicaciones de la industria, de las maravillas de la electricidad o del automovilismo, a las que considera más bien como obstáculos al progreso moral. Lo útil es sólo lo que puede mejorar al hombre (p. 15).

Si nuestras elecciones no están determinadas «más que por el capricho o por la utilidad inmediata, no puede haber ciencia por la ciencia, ni por consiguiente ciencia». Quienes trabajen «únicamente para una aplicación inmediata no habrán dejado nada tras ellos» (p. 16):

Es suficiente abrir los ojos para ver que las conquistas de la industria, que han enriquecido a tantos hombres prácticos, no habrían jamás existido si estos hombres prácticos hubieran estado solos, si no les hubieran precedido locos desinteresados que murieron pobres, que no pensaron jamás en la utilidad y que, sin embargo, tenían otra guía además de su solo capricho (p. 16).

Poincaré ofrece un ejemplo de cómo estas dos actitudes diferentes, la de los hombres prácticos y la de los hombres de ciencia («locos desinteresados»), dan vida a dos maneras distintas de afrontar el mismo problema. Así pues, «supongamos que se quiere determinar una curva observando cualquiera de sus puntos»: «el hombre práctico que no se preocupe más que por la utilidad inmediata observará sola-

mente los puntos que necesita para algún objeto especial»,
mientras que:

el hombre de ciencia procederá de manera diferente: como su
deseo es estudiar la curva por sí misma, repartirá regularmente
los puntos a observar, y en cuanto conozca algunos los unirá por
medio de un trazado regular y obtendrá la curva entera (p. 19).

El hombre de ciencia, para el epistemólogo francés, no
sólo «no elige al azar los hechos que debe observar», sino
que ante todo no estudia la naturaleza con miras utilitaristas:

El hombre de ciencia no estudia la naturaleza porque sea útil; la
estudia porque encuentra placer, y encuentra placer porque es
bella. Si la naturaleza no fuera bella, no valdría la pena conocerla,
ni valdría la pena vivir la vida. No hablo aquí, entendámoslo bien,
de esta belleza que impresiona los sentidos, de la belleza de las
cualidades y de las apariencias; no es que la desdeñe, lejos de ahí,
pero no tiene nada que ver con la ciencia. Quiero hablar de esa
belleza, más íntima, que proviene del orden armonioso de las partes y que sólo una inteligencia pura puede comprender. Por así
decirlo es ella la que da un cuerpo, un esqueleto a las halagadoras
apariencias que embellecen nuestros sentidos, y sin este soporte,
la belleza de estos sueños fugitivos sería imperfecta, porque sería
indecisa y huiría siempre (pp. 20-21).

Hay que saber poner la mira en «la belleza intelectual»
que «se basta a sí misma». Por ella sola, «más quizá que por
el bien futuro de la humanidad», «el hombre de ciencia se
condena a largos y penosos trabajos» (p. 21). Sin este labo-
rioso y desinteresado esfuerzo, sería realmente difícil pensar en hacerse mejores.

17. «EL CONOCIMIENTO ES UNA RIQUEZA QUE SE PUEDE TRANSMITIR SIN EMPOBRECERSE»

En los próximos años habrá que esforzarse para salvar de esta deriva utilitarista no sólo la ciencia, la escuela y la universidad, sino también todo lo que llamamos *cultura*. Habrá que resistir a la disolución programada de la enseñanza, de la investigación científica, de los clásicos y de los bienes culturales. Porque sabotear la cultura y la enseñanza significa sabotear el futuro de la humanidad. Hace algún tiempo tuve ocasión de leer una frase simple, pero muy significativa, inscrita en el tablón de anuncios de una biblioteca de manuscritos en un perdido oasis del Sahara: «El conocimiento es una riqueza que se puede transmitir sin empobrecerse». Sólo el saber—poniendo en cuestión los paradigmas dominantes del beneficio—puede ser compartido sin empobrecer. Al contrario, enriqueciendo a quien lo transmite y a quien lo recibe.

TERCERA PARTE

POSEER MATA:«DIGNITAS HOMINIS», AMOR, VERDAD

> Es el gozar, no el poseer,
> lo que nos hace felices.
>
> MONTAIGNE,
> *Los ensayos*

1. LA VOZ DE LOS CLÁSICOS

Después de esta necesaria reflexión sobre la útil inutilidad de los saberes humanísticos, es el momento de dar voz directamente a los clásicos, de escuchar su palabra, de dejarse inflamar por las chispas que puedan saltar en el encuentro con las páginas de algunos grandes escritores. Si hoy, como hemos visto, el poseer ocupa un lugar eminente en la escala de los valores de nuestra sociedad, algunos autores han mostrado con brillantez la carga ilusoria de la posesión y sus múltiples efectos destructivos en cada dominio del saber y cada forma de relación humana. «Es el gozar, no el poseer, lo que nos hace felices» (I, XLII), sugería agudamente Montaigne. Y para ofrecer sólo algún ejemplo entre los más elocuentes, quisiera detenerme en particular en tres temas que, por razones diversas, han tenido y tienen un peso extraordinario en la vida de los hombres: la *dignitas hominis*, el amor y la verdad. Estos tres dominios—en los que el poseer se revela, por sí mismo, como una fuerza negativa y devastadora—constituyen, pese a todo, el terreno ideal donde la gratuidad y el desinterés pueden expresarse de la manera más auténtica.

2. «DIGNITAS HOMINIS»: LA ILUSIÓN DE LA RIQUEZA Y LA PROSTITUCIÓN DE LA SABIDURÍA

¿Acaso la *dignitas hominis* puede realmente medirse según el criterio de las riquezas poseídas? ¿O bien se funda en valores independientes de cualquier vínculo asociado al beneficio y la ganancia? Para responder a estas cuestiones quisiera partir de una colección de cartas atribuida a Hipócrates, en la que el célebre médico se ocupa de la supuesta locura de Demócrito. Se trata de un relato epistolar construido sobre una paradójica inversión de papeles: el médico, en el curso de la narración, se convertirá en paciente y el paciente asumirá las funciones de médico. Así, a los ojos de Hipócrates, la aparente demencia de Demócrito se transformará en sabiduría, mientras que la presunta sabiduría de los abderitas se invertirá en demencia. El relato se inicia con una escena significativa: el gran filósofo, desde lo alto de su casa en una colina, ríe incesantemente, mientras que sus conciudadanos, creyéndolo enfermo, se preocupan. Para curarlo, deciden llamar a Hipócrates, médico que desprecia las riquezas y que ansía ejercitar su profesión sin dejarse condicionar por el dinero:

Ni la naturaleza ni un dios me ofrecerían dinero por mi venida, así que tampoco vosotros, abderitas, debéis violentarme. Permitid que ejerza liberalmente un arte liberal. Quienes piden una retribución someten su saber a servidumbre, como si lo esclavizaran [...]. La vida humana es ciertamente cosa miserable: la atraviesa como un viento tempestuoso una incontenible avidez de ganancias. ¡Ojalá todos los médicos se unieran contra ella para curar un mal que es más grave que la locura, pues lo solemos considerar como una bendición siendo como es una enfermedad y la causa de numerosos males! (pp. 37-39).

Desde el inicio el encuentro entre los dos insignes interlocutores se revela muy fecundo, en especial cuando se plantea la discusión en torno a las razones que han suscitado y suscitan la risa del filósofo. Demócrito responde con extrema claridad a las preguntas que le formula el ilustre médico:

Pero yo sólo me río del hombre, lleno de estupidez, desprovisto de acciones rectas, [...] que con ansias desmesuradas recorre la tierra hasta sus confines y penetra en sus inmensas cavidades, funde el oro y la plata, los acumula sin descanso y se esfuerza por poseer cada vez más para ser cada vez menos. No se avergüenza de llamarse feliz porque excava las profundidades de la tierra por medio de hombres encadenados: entre ellos, algunos mueren a causa de los derrumbes de tierra; otros, sometidos a una larguísima esclavitud, viven en esta prisión como en su patria. Buscan oro y plata, hurgando entre polvo y desechos, desplazan montones de arena, abren las venas de la tierra para enriquecerse, despedazan la madre tierra [...] (pp. 63-65).

Las reflexiones de Demócrito no sólo impresionan a Hipócrates, sino que nos iluminan, a siglos de distancia, también a nosotros, lectores del nuevo milenio. «Despedazar la madre tierra» para extraer oro y plata, causar la muerte de seres humanos para acumular riquezas significa comprometer el futuro de la humanidad. Significa destruir toda forma de *dignitas hominis*. Significa quedar a merced de una peligrosa locura autodestructiva.

La riqueza y el poder, en definitiva, generan sobre todo falsas ilusiones. Lo recuerda con elocuencia también Séneca, en sus *Cartas a Lucilio*, evocando la metáfora del teatro del mundo. Los ricos y los poderosos son felices como pueden serlo los actores que representan el papel de rey sobre un escenario. Acabado el espectáculo y desechados los hábitos regios, cada uno vuelve a ser lo que en verdad es en la vida de cada día:

Ninguno de esos personajes que ves ataviados con púrpura es feliz, no más que aquellos actores a quienes la pieza teatral asigna los distintivos del cetro y la clámide en la representación. En presencia del público caminan engreídos sobre sus coturnos; tan pronto salen de la escena y se descalzan vuelven a su talla normal. Ninguno de esos individuos, a los que riqueza y cargos sitúan a un nivel superior, es grande (IX, 76, 31).

El error, para Séneca, obedece sobre todo al hecho de que no valoramos a los hombres por lo que son sino por los hábitos que visten y los ornamentos con los que se atavían:

Pues bien, cuando quieras calcular el auténtico valor de un hombre y conocer sus cualidades, examínalo desnudo: que se despoje de su patrimonio, que se despoje de sus cargos y demás dones engañosos de la fortuna, que desnude su propio cuerpo. Contempla su alma, la calidad y nobleza de ésta, si es ella grande por lo ajeno, o por lo suyo propio (IX, 76, 32).

Muchos siglos después, Giovanni Pico della Mirandola, en su célebre *Discurso sobre la dignidad del hombre* («*Oratio de hominis dignitate*»), nos descubre que la esencia de la *dignitas* humana se basa en el libre albedrío. Cuando Dios creó al hombre, en efecto, no pudiéndole asignar ningún rasgo específico, pues todos habían sido otorgados ya a los demás seres vivientes, decidió dejarlo en la indefinición, de manera que tuviera la libertad de elegir él mismo su propio destino:

Para los demás, una naturaleza contraída dentro de ciertas leyes que les hemos prescrito. Tú, no sometido a ningún cauce angosto, la definirás según tu arbitrio, al que te entregué. [...] Ni celeste, ni terrestre te hicimos, ni mortal, ni inmortal, para que tú mismo, como modelador y escultor de ti mismo, más a tu gusto y honra, te forjes la forma que prefieras para ti. Podrás degenerar a lo inferior, con los brutos; podrás realzarte a la par de las cosas divinas, por tu misma decisión (p. 105).

Los hombres, libres de habitar en cualquier lugar del universo, podrán así ubicarse en lo alto entre los seres superiores o en lo bajo entre las bestias. Todo dependerá de sus elecciones. Quien se deje guiar por la búsqueda filosófica podrá entender que la verdadera *dignitas* no se conquista mediante actividades que tan sólo brindan beneficios, sino por medio del conocimiento «[de] las causas de las cosas, los usos de la naturaleza, el sentido del universo, los designios de Dios, los misterios de los cielos y de la Tierra» (p. 121). Y dejando de lado las limitaciones de la visión antropocéntrica y mística de Pico, queda en pie la importancia de su esfuerzo por liberar a la sabiduría y a la dignidad humana del abrazo mortal del lucro:

Se ha llegado (¡oh, dolor!) hasta no tenerse por sabios sino a los que convierten en mercenario el cultivo de la sabiduría, y se da así el espectáculo de una púdica Minerva, huésped de los mortales por regalo de los dioses, arrojada, gritada, silbada. No tener quien la ame, quien la ampare, a no ser que ella, como prostituta y cambiando por unas monedas su desflorada virginidad eche en el cofrecito del amante la mal ganada paga (p. 121).

Esta es la razón por la que una obra entera de Leon Battista Alberti—*De las ventajas y desventajas de las letras* (*De commodis litterarum atque incommodis*)—versa sobre la necesidad de consagrar la vida al estudio de las letras para seguir, lejos de cualquier lógica ligada al lucro, el camino de la virtud. En las páginas finales, de sabor autobiográfico, el célebre escritor-arquitecto refiere cómo sus esfuerzos han sido motivados exclusivamente por el amor al conocimiento:

[...] He soportado pobreza, enemistades, injurias no pocas ni leves (tal como muchos saben), [...] con ánimo fuerte e íntegro, y alentado únicamente por el amor a las letras. Y esto lo he hecho no para alcanzar algún placer, no para obtener lucro, cosa que habría conseguido si hubiera cambiado las letras por los negocios. [...] Arda el ánimo de los estudiosos de avidez, pero no de oro y de riqueza, sino de buenas costumbres y sabiduría [...].

De idéntica manera, el anónimo autor de *Sobre lo sublime* había considerado que el afán de riquezas es una gravísima enfermedad, capaz de corromper no sólo el ánimo humano, sino también la sociedad y la vida civil:

Porque es ese afán insaciable de lucro que a todos nos infecta, es esa búsqueda desenfrenada del placer lo que nos esclaviza, más aún, nos arrastra hacia el abismo, cabría decir, como a una nave con toda su dotación. La avaricia es, ciertamente, un mal que envilece [...]. Yo, en verdad, reflexionando sobre este punto, no sabría explicarme cómo puede resultar posible, que concediendo un valor tan grande, o por decir mejor, divinizando a la riqueza exagerada, no demos asimismo entrada en nuestras almas a los vicios que aquella arrastra consigo. [...] Y si se permite a estos brotes de la riqueza progresar durante años, engendran en las almas unos tiranos implacables: la insolencia, la ilegalidad, la impudicia (XLIV, 6-7).

3. AMAR PARA POSEER MATA EL AMOR

También en el dominio de las reflexiones sobre el amor es posible hallar tantos ejemplos sobre el valor de la gratuidad que la elección se hace difícil. Porque el enamorado se entrega por la pura alegría de dar, sin pretender nada a cambio. El amor auténtico se convierte así en expresión del encuentro entre dos seres que avanzan libremente el uno hacia el otro. Lo que los une es un lazo desinteresado, es el valor del amor en sí, capaz de extirpar todo interés individual y toda forma de egoísmo. Y si el amor se ofrece como un don (*don de sí mismos*)—nos lo recuerda el sabio bereber en *Ciudadela* de Antoine de Saint-Exupéry—, no supondrá ningún sufrimiento:

No confundas el amor con el delirio de la posesión, que aporta los peores sufrimientos. Porque, al contrario de lo que sostiene la opinión común, el amor no hace sufrir. En cambio, el instinto de propiedad hace sufrir, lo que es contrario al amor.

Pero cuando se desatan el afán de posesión y la necesidad de dominar al otro, entonces el amor se transforma en celos. Amar, en tal caso, no significa ya *darse*, sino que quiere decir ante todo *ser amado* por alguien que te *pertenece*. A menudo las parejas se comportan de hecho como los animales que marcan el territorio. Para poseer, tienen necesidad de *ensuciar*. Y, a veces, según Michel Serres, también en

el matrimonio la propiedad equivale a la esclavitud. Se trata todavía de la marca: el buey y el esclavo han sido marcados con el hierro candente, el automóvil con una insignia, y *la esposa con el anillo de oro*.

Así—obsesionados por querer cuantificar a toda costa la resistencia de la fidelidad, la exclusividad del lazo, la pureza de la pasión, el vínculo de la propiedad y el peso de la potestad—, los seres humanos terminan por ceder fácilmente a la locura de poner a prueba al compañero.

Para ilustrar este peligro, quisiera detenerme en dos episodios, narrados en dos grandes clásicos: la historia de Rinaldo y el caballero del vaso de oro (recogida por Ariosto en el canto cuadragésimo tercero del *Orlando furioso*) y la breve narración titulada *El curioso impertinente* (incluida por Cervantes en la primera parte del *Quijote*).

Sorprendido por la noche entre Mantua y Ferrara, Rinaldo se hospeda en un castillo. Al final de la cena, el señor de la casa lo invita a someterse a la prueba del vaso de oro. Hay que lograr beber el vino contenido en una copa hechizada: si el vino no se vierte por el pecho del bebedor significa que la esposa es fiel. Rinaldo levanta el caliz, pero, en el momento de llevárselo a los labios para beber, lo vuelve a poner sobre la mesa. Desgarrado entre el deseo de saber y una prudente ignorancia, decide renunciar a la prueba: la pretensión de conocer la pura verdad en las cosas del amor sólo puede generar venenosas sospechas y obsesiones funestas. Rinaldo, en su lucidez, intuye que buscar lo que no se quiere hallar sería tanto como hacerse daño a sí mismo deliberadamente. Porque el amor implica despojarse de toda pretensión de poseer certezas. Sólo el *creer* ayuda a vivir una relación fundada en el respeto y la tolerancia:

> Si hasta hoy me ha ido bien con mi creencia,
> ¿de qué me servirá ponerla a prueba?

[*Sin qui m'a il creder mio giovato, e giova:* | *che poss'io megliorar per farne prova?*; XLIII, 6, 7-8].

Turbado por la sabiduría de su huésped, el caballero rompe a llorar y confiesa haber destruido el amor que profesaba a su esposa por culpa de los celos:

Así dijo Rinaldo, y apartando
de sus ojos aquel odioso vaso,
vio que bañaba un gran raudal de llanto
el rostro del señor de aquel palacio,
quien, después de calmarse un poco, dijo:
—¡Ay, infeliz de mí, maldito sea
el que me convenció de hacer la prueba,
pues me quitó a mi dulce esposa bella!

[*Così dicendo il buon Rinaldo, e intanto* | *respingendo da sé l'odiato vase,* | *vide abondare un gran rivo di pianto* | *dagli occhi del signor di quelle case,* | *che disse, poi che racchettossi alquanto:* | —*Sia maladetto chi mi persua-*se | *ch'io facesse la prova, ohimè! di sorte,* | *che mi levò la dolce mia con-*sorte*; XLIII, 9].

Atormentado por la angustia de la traición, obsesionado
por la idea de perder a su mujer, se lanza a someterla a una
serie de pruebas para verificar su fidelidad. La esposa, en
un primer momento, resiste con firmeza las insidiosas tentaciones y las trampas urdidas por su propio marido. Pero
cuando éste, transformado por una maga en un «joven pre-
tendiente», le ofrece unas gemas valiosísimas, la mujer, des-
conocedora del engaño, se declara dispuesta a pasar una noche con él a cambio de tales regalos:

Ella quedó al principio muy turbada,
y sonrojada, se negó a escucharme,
pero al ver fulgurando como el fuego
las bellas gemas, se ablandó su pecho,
y respondió con voz tímida y débil,
(yo me siento morir al recordarlo)
que solamente me complacería
si ninguna persona lo sabía.

[*Turbossi nel principio ella non poco,* | *divenne rossa e ascoltar non volle;* | *ma il veder fiammeggiar poi, come fuoco,* | *le belle gemme, il duro cor fé* *molle:* | *e con parlar rispose breve e fioco,* | *quel che la vita a rimembrar mi tolle; | che mi compiaceria, quando credesse | ch'altra persona mai nol risapesse;* XLIII, 38].

Y pasando por alto el tema de la corrupción causada una vez más por la avidez de acumular riquezas—«¿A qué crimen no fuerzas el corazón del hombre, maldita sed de oro?» («*Quid non mortalia pectora cogis, | auri sacra fames!*»), exclamaba Virgilio en el tercer libro de la *Eneida* (III, 56-57)—, aquí Ariosto insiste en la irresponsabilidad del marido, artífice y causa de la traición de la mujer. Rinaldo, en efecto, tras haber escuchado la dramática confesión del caballero del vaso de oro, le reprocha su ligereza. Para el paladín, la pérdida del amor no puede imputarse a la cesión de la mujer. El verdadero error reside exclusivamente en la locura del esposo por haber querido poner a prueba la fidelidad de la mujer y por haber querido verificar su umbral de resistencia:

> No debiste atacar con tales armas
> si deseabas que se defendiera.
> ¿No sabes que ni el mármol ni el acero
> más duro nada pueden contra el oro?
> Más erraste al tentarla, me parece,
> que ella al quedar tan pronto derrotada.
> No sé, si ella igualmente te tentase,
> si hubieras sido más imperturbable.

[*Non dovevi assalir con sí fiere armi, | se bramavi veder farle difesa. | Non sai tu, contra l'oro, che né i marmi | né il durissimo acciar sta alla contesa? | Che più fallasti tu a tentarla parmi, | di lei che così tosto restò presa. | Se te altretanto avesse ella tentato, | non so se tu più saldo fossi stato;* XLIII, 49].

Abandonar la pretensión de poseer, saber convivir con el riesgo de la pérdida significa aceptar la fragilidad y la precariedad del amor. Significa renunciar a la ilusión de una garantía de indisolubilidad del vínculo amoroso, tomando nota de que las relaciones humanas, con los límites y las imperfecciones que las caracterizan, no pueden prescindir de la opacidad, de las zonas de sombra, de la incertidumbre. Este es el motivo por el cual cuando se busca la total transparencia y la verdad absoluta en el amor se termina por destruirlo, se termina por ahogarlo en un abrazo mortal.

No por azar la sabiduría de Rinaldo será evocada en una narración del *Quijote*, titulada *El curioso impertinente* (i, xxxiii-xxxv). En ella Cervantes pone en escena a dos amigos fraternales, Lotario y Anselmo. Este último desposa a la bellísima Camila. Y mientras la joven pareja vive su feliz historia de amor, la carcoma empieza a corroer por dentro la serenidad de Anselmo: ¿una mujer que no está expuesta al peligro de las tentaciones y que no tiene ocasión de mostrar su honestidad puede ser considerada verdaderamente fiel?

Porque ¿qué hay que agradecer—decía él—que una mujer sea buena si nadie le dice que sea mala? ¿Qué mucho que esté recogida y temerosa la que no le dan ocasión para que se suelte, y la que sabe que tiene marido que en cogiéndola en la primera desenvoltura la ha de quitar la vida? Ansí que la que es buena por temor o por falta de lugar, yo no la quiero tener en aquella estima en que tendré a la solicitada y perseguida que salió con la corona del vencimiento (i, xxxiii, p. 379).

Así, Anselmo, obsesionado por los celos, pide a su amigo que tiente a Camila para poner a prueba su fidelidad. Lotario se niega y aduce poderosos argumentos con el fin de disuadirlo. Se trata, a su juicio, de una empresa insensata que en ningún caso producirá resultados positivos: porque si la mujer resiste, el marido no será más amado de lo que ya lo es; pero si, por el contrario, cede a la tentación, el marido mismo será la causa de su deshonra. Y en medio de este discurso disuasorio, Lotario recurre al episodio del «prudente Reinaldos», que había sabido refutar la prueba narrada en el *Orlando furioso*:

[Tú, Anselmo,] tendrás que llorar contino, si no lágrimas de los ojos, lágrimas de sangre del corazón, como las lloraba aquel simple doctor que nuestro poeta nos cuenta que hizo la prueba del vaso, que con mejor discurso se escusó de hacerla el prudente Reinaldos; que puesto que aquello sea ficción poética, tiene en sí encerrados secretos morales dignos de ser advertidos y entendidos e imitados (I, XXXIII, p. 384).

Por desgracia la historia referida en el *Quijote* tendrá un desenlace trágico: Lotario y Camila se enamorarán, Anselmo morirá de pena e incluso los dos nuevos amantes perderán la vida. Pero, antes de expirar, el esposo arrepentido dejará a su mujer un mensaje incompleto en el que reconoce haber sido él mismo el artífice de su deshonor:

Un necio e impertinente deseo me quitó la vida. Si las nuevas de mi muerte llegaren a los oídos de Camila, sepa que yo la perdono, porque no estaba ella obligada a hacer milagros, ni yo tenía necesidad de querer que ella los hiciese; y pues yo fui el fabricador de mi deshonra, no hay para qué... (I, XXXV, p. 422).

Cervantes demuestra ser, con este relato, un agudo lector de Ariosto. Pero los dos lances narrados en el *Orlando furioso* y el *Quijote* traspasan ciertamente el estrecho perímetro de las relaciones amorosas y los lazos interpersonales. Se inscriben dentro de una reflexión más amplia sobre la tolerancia. Rinaldo y su intérprete Lotario nos invitan a renunciar a la noción de verdad absoluta, nos invitan a aceptar la idea de que toda conquista es siempre provisional y precaria y está expuesta a la pérdida.

La posesión, a fin de cuentas, se revela uno de los peores enemigos del amor. Encerrar el amor en un círculo, condenándolo a vivir en una cárcel eterna, no servirá para protegerlo de los cambios y las metamorfosis que caracterizan las *cosas humanas*. Lo recuerda Diderot, en un brillante pasaje del *Suplemento al Viaje de Bougainville*:

¿No te parece sin sentido un precepto que proscribe el cambio que está en nosotros mismos, que exige una constancia imposible y que viola la naturaleza y la libertad del macho y de la hembra, atándolos para siempre uno al otro, una fidelidad que pretende limitar el más versátil de los goces a un solo individuo, un juramento de inmutabilidad de dos seres de carne frente a un cielo que no es idéntico ni un solo instante, o en antros a punto de desplomarse, al pie de una roca que se deshace en polvo, o de un árbol que se agrieta, sobre una piedra que se tambalea?

El amor no puede ser enjaulado. El amor, para retomar una espléndida imagen que Rainer Maria Rilke utiliza en una de sus cartas, necesita moverse libremente, necesita una mano abierta que le permita, sin obstáculos, detenerse o escapar. Apretar los dedos para inmovilizarlo significa convertir la mano en un ataúd. Porque poseer quiere decir matar:

[...] Nuestro conquistar más verdadero reside en nuestro mirar. [...] No nos hacemos ricos porque algo permanezca y se marchite en nuestras manos, sino porque todo fluye a través de su captura como a través de una solemne puerta de entrada y retorno a casa. Para nosotros las manos no deben ser un féretro: sólo un lecho en el cual las cosas duermen en el crepúsculo y tienen sueños desde cuyas profundidades expresan sus secretos más estimados. [...] La posesión es, de hecho, pobreza y angustia; ¡sólo el haber poseído es un poseer despreocupado!

4. POSEER LA VERDAD MATA LA VERDAD

Del tema del amor al de la verdad el tránsito es breve. Pensemos en el célebre mito de Eros, plasmado por Platón, que ha conocido un éxito extraordinario sobre todo en el Renacimiento europeo. En el *Banquete*, en efecto, el filósofo es comparado con Amor, porque ambos están condenados a un eterno movimiento entre opuestos. Basta releer la *fábula* de la concepción de Eros narrada por la sacerdotisa Diotima, cuyas palabras refiere Sócrates, para entender mejor la comparación. Durante la fiesta por el nacimiento de Afrodita, Poros (dios del ingenio), ebrio de néctar, se entrega a Penia (diosa de la pobreza): de su unión nace Amor, destinado, a causa de las opuestas cualidades de sus padres, a perderlo y adquirirlo todo. Ni mortal ni inmortal, ni pobre ni rico, Eros ejerce un papel de *mediador*, de manera que logra representar simbólicamente la condición del filósofo, siempre suspendida entre la ignorancia y la sabiduría. Situado entre los dioses (que no buscan la sabiduría porque la poseen) y los ignorantes (que no la buscan porque creen poseerla), el verdadero filósofo, amante de la sabiduría, intentará aproximarse hasta ella persiguiéndola durante toda su vida.

Giordano Bruno retoma de una manera original esta imagen de la *quête* filosófica y la lleva a las últimas consecuencias. En los *Heroicos furores*, en efecto, se apropia de los esquemas clásicos de la poesía de amor para adaptarlos a su búsqueda de la sabiduría. Caracterizada por el deseo insatisfecho del amante que intenta abrazar a la inalcanzable amada, la relación amorosa es utilizada para representar el heroico periplo del *furioso* hacia el conocimiento. Animada por una inagotable pasión, esta *milicia* se convierte así en expresión de una imposibilidad, de una privación, de una caza marcada por la inaprensibilidad de la presa. El filósofo, enamorado de la sabiduría, sabe bien que su única vocación es la de perseguir la verdad:

Por tanto—afirma Bruno en *De immenso*—, mientras consideremos que resta alguna verdad por conocer y algún bien que alcanzar, continuaremos buscando otra verdad y aspirando a otro bien. Así pues, la indagación y la búsqueda no cesarán con la consecución de una verdad limitada y un bien definido (1, 1, p. 420).

Para Bruno, la caza de la sabiduría es una operación puramente humana y racional. Nada de milagros, prodigios, magias, abstractos misticismos, promesas de quiméricas uniones con la divinidad, garantías de otra vida sobrenatural: la insaciabilidad del *furioso* se funda en la inconmensurable desproporción que existe entre un ser finito y un saber infinito. Pero esta continua tensión para abrazar el saber en su totalidad puede elevar al hombre a conocer los más profundos secretos de la naturaleza y a brindarle la posibilidad de ver con los ojos de la mente, aunque sólo sea por un momento, la unidad en la multiplicidad. La milicia amorosa del filósofo se inscribe en esta conciencia de una unión imposible, pero siempre perseguida, con la sabiduría infinita. Lo que cuenta, para Bruno, no es abrazar la sabiduría infinita, sino más bien el comportamiento que debe mantenerse a lo largo del periplo de aproximación hacia ella. La esencia de la *philo-sophia* radica en mantener siempre vivo el amor a la sabiduría. Esta es la razón por la cual importa más correr con dignidad que ganar la carrera:

Añádase a esto que aunque no sea posible llegar al extremo de ganar el palio, corred sin embargo y haced todo lo que podáis en asunto de tanta importancia, resistiendo hasta el último aliento de vuestro espíritu. No sólo es alabado el vencedor, sino también quien no muere como un cobarde y poltrón [...]. No sólo merece honores el único individuo que ha ganado la carrera, sino también todos aquellos que han corrido tan excelentemente como para ser juzgados igualmente dignos y capaces de haberla ganado, aunque no hayan sido los vencedores.

Todos los verdaderos cazadores saben—como declara Montaigne en una bellísima página de *Los ensayos*—que el verdadero objetivo de la caza es la persecución de la presa, el ejercicio mismo de la «venación»:

La persecución y la caza corren propiamente de nuestra cuenta; no tenemos excusa si las efectuamos mal y fuera de propósito. Fallar en la captura es otra cosa. Porque hemos nacido para buscar la verdad; poseerla corresponde a una potencia mayor. [...] El mundo es sólo una escuela de indagación. Lo importante no es quién llegará a la meta, sino quién efectuará las más bellas carreras.

Tanto Bruno como Montaigne viven la dramática experiencia de las guerras de religión. Ambos saben que la convicción de poseer la verdad absoluta ha transformado las distintas Iglesias en instrumentos de violencia y terror. Son conscientes de que el fanatismo ha propiciado el exterminio de seres humanos inocentes e inermes, llegando al extremo de introducir la destrucción y la muerte en el seno de las familias. Sin embargo, como recuerda Erasmo en una apasionada defensa de la paz, el uso de la brutalidad contradice fuertemente la esencia misma de la religión:

¿Todos los escritos cristianos, ya se lea el Antiguo Testamento, ya el Nuevo Testamento, no hacen sino promulgar la paz y la unanimidad, y los cristianos se pasan la vida haciendo la guerra?

Erasmo pone aquí el dedo en una llaga que no aflige sólo a los cristianos. Sus agudas reflexiones podrían valer, todavía hoy, para otros cultos, pues el riesgo del fanatismo anida en todas las religiones. En todas las épocas, por desgracia, se han cometido en nombre de Dios masacres, matanzas, genocidios. En nombre de Dios se han destruido obras de arte de importancia universal, se han quemado bibliotecas enteras que contenían manuscritos y libros de inestimable valor, se ha arrojado a la hoguera a filósofos y científicos que han contribuido de manera decisiva al progreso del conocimiento. Baste recordar el sacrificio de Giordano Bruno, por obra de la Inquisición romana, que se consumió en las llamas de Campo de' Fiori el 17 de febrero de 1600. O bien el horrendo suplicio de Miguel Servet en Ginebra en 1553, ordenado por Juan Calvino, sobre el cual continúan pesando las acusaciones valerosamente formuladas por Sebastián Castellio:

No se afirma la propia fe quemando a un hombre—escribe Castellio en *Contra el libelo de Calvino*—, sino más bien haciéndose quemar por ella. [...] Matar a un hombre no es defender una doctrina; es matar a un hombre. Cuando los ginebrinos mataron a Servet no defendieron una doctrina: mataron a un hombre.

Terrible paradoja: en nombre de la verdad absoluta se han infligido violencias presentadas como necesarias para el bien de la humanidad. Pero, una vez más, corresponde a la literatura proporcionar un antídoto contra el fanatismo y la intolerancia. También en el dominio de las cosas divinas, en efecto, la posesión de la verdad absoluta acaba por destruir toda religión y toda verdad. Lo atestiguan de manera insigne dos grandes autores que reelaboran diversamente el mismo relato, mostrando cómo a veces una breve página literaria puede ser más eficaz que una extensa disertación. Se trata de la famosa historia de los tres anillos, narrada por Giovanni Boccaccio en el *Decamerón* y reescrita por Lessing, cuatro siglos después, en el xviii, en el drama titulado *Natán el sabio*.

En el tercer relato de la primera jornada del *Decamerón*, el célebre Saladino, sultán de El Cairo, convoca a la corte al rico judío Melquisedec para preguntarle cuál de las tres religiones (la judía, la cristiana o la musulmana) es la verdadera. El judío entiende de inmediato que la pregunta encierra una trampa y, en calidad de «hombre sabio», responde con una narración al dificilísimo interrogante. Así, refiere la historia de un padre que deja en herencia, secretamente, un anillo de oro para designar a su sucesor más digno de premio. Y siguiendo esta tradición cada elegido, de generación en generación, escoge a su vez un hijo al que honrar, hasta que un padre se ve en un apuro, porque ha criado tres jóvenes obedientes a los que ama en igual medida. ¿Cómo premiarlos a los tres con un solo anillo? Encarga secretamente a un orfebre dos copias perfectas del original y, a las puertas de la muerte, lega un anillo a cada hijo:

[…] Y encontrados los anillos tan iguales el uno al otro que cuál fuese el verdadero no sabía distinguirse, se quedó pendiente la cuestión de quién fuese el verdadero heredero del padre, y sigue pendiente todavía. Y lo mismo os digo, señor mío, de las tres leyes dadas a los tres pueblos por Dios padre sobre las que me propusisteis una cuestión: cada uno su herencia, su verdadera ley y sus mandamientos cree rectamente tener y cumplir, pero de quién la tenga, como de los anillos, todavía está pendiente la cuestión (1, 3, pp. 81-82).

La sagaz respuesta de Melquisedec, a completa satisfacción de Saladino, muestra que los hombres no pueden resolver, con instrumentos terrenales, una cuestión que sólo está al alcance de Dios. Reelaborando de manera original un motivo ya ampliamente difundido, Boccaccio formula una invitación al respeto recíproco en la tolerancia y la convivencia civil. Y, muchos siglos después, Lessing volverá a proponer este difícil pero necesario equilibrio en una de las cumbres de la literatura alemana, *Natán el sabio* (1778-1779). Corresponde de nuevo a un judío narrar, con mayor conciencia, la historia de los tres anillos. Los hijos, reivindicando cada uno de ellos la herencia, recurren a un juez que aconseja a los tres pretendientes dejar las cosas como están y considerar auténticas las tres joyas recibidas en donación:

Cada cual recibió del padre su anillo: pues crea cada cual con seguridad que su anillo es el auténtico. —Otra posibilidad cabe: ¡que no haya querido tolerar ya en adelante el padre, en su propia casa, la tiranía del anillo único!—Y una cosa es segura: que os amaba a los tres, y os amaba igual, por cuanto no quiso postergar a dos para favorecer a uno. —¡Pues bien! ¡Imite cada cual el ejemplo de su amor incorruptible libre de prejuicios! ¡Esfuércese a porfía cada uno de vosotros por manifestar la fuerza de la piedra de su anillo!

[[...] *Hat von | Euch jeder seinen Ring von seinem Vater | So glaube jeder sicher seinen Ring | Den echten. — Möglich; daß der Vater nun | Die Tyrannei des einen Rings nicht länger | In seinem Hause dulden wollen! — Und gewiß; | Daß er euch alle drei geliebt, und gleich | Geliebt: indem er zwei nicht drücken mögen, | Um einen zu begünstigen. — Wohlan! | Es eifre jeder seiner unbestochnen | Von Vorurteilen freien Liebe nach! | Es strebe von euch jeder um die Wette, | Die Kraft des Steins in seinem Ring' an Tag | Zu legen!* [...]; III, 7].

La imposibilidad en que se ven los hombres para establecer la verdadera religión no impide, sin embargo, poder verificar su eficacia, poner a prueba su capacidad de hacer prosélitos a través de un testimonio de amor, de solidaridad, de paz.

También la religión, como la filosofía, debe convertirse en una opción de vida, debe transformarse en una manera de vivir. Así, ninguna religión y ninguna filosofía podrán nunca reivindicar la posesión de una verdad absoluta, válida para todos los seres humanos. Porque creer que se posee la única y sola verdad significa sentirse con el deber de imponerla, también por la fuerza, por el bien de la humanidad. El dogmatismo produce intolerancia en cualquier campo del saber: en el dominio de la ética, de la religión, de la política, de la filosofía y de la ciencia, considerar la propia verdad como la única posible significa negar toda búsqueda de la verdad.

En efecto, quien está seguro de poseer la verdad no necesita ya buscarla, no siente ya la necesidad de dialogar, de escuchar al otro, de confrontarse de manera auténtica con la variedad de lo múltiple. Sólo quien ama la verdad puede buscarla de continuo. Esta es la razón por la cual la duda no es enemiga de la verdad, sino un estímulo constante para buscarla. Sólo cuando se cree verdaderamente en la verdad, se sabe que el único modo de mantenerla siempre viva es ponerla continuamente en duda. Y sin la negación de la verdad absoluta no puede haber espacio para la tolerancia.

Sólo la conciencia de estar destinados a vivir en la incertidumbre, sólo la humildad de considerarse seres falibles, sólo la conciencia de estar expuestos al riesgo del error pueden permitirnos concebir un auténtico encuentro con los otros, con quienes piensan de manera distinta que nosotros. Por tales motivos, la pluralidad de las opiniones, de las lenguas, de las religiones, de las culturas, de los pueblos, debe ser considerada como una inmensa riqueza de la humanidad y no como un peligroso obstáculo.

Esta es la razón por la cual quienes niegan la verdad absoluta no pueden ser considerados nihilistas: situados entre los dogmáticos (que creen poseer la verdad absoluta) y los nihilistas (que niegan la existencia de la verdad), se ubican, equidistantes, quienes aman la verdad al punto de buscarla sin descanso. Así, aceptar la falibilidad del conocimiento, confrontarse con la duda, convivir con el error no significa abrazar el irracionalismo y la arbitrariedad. Significa, por el contrario, en nombre del pluralismo, ejercitar el derecho a la crítica y sentir la necesidad de dialogar también con quien lucha por valores diferentes de los nuestros.

Apasionado defensor de la libertad de imprenta contra toda forma de censura, John Milton nos recuerda que la verdad debe ser considerada como una fuente que mana:

Quien está acostumbrado a la reflexión—escribe en *Areopagítica*—sabe bien que nuestra fe y conocimiento progresan a través de su ejercicio, como lo hacen nuestros miembros y nuestra complexión física. En las Escrituras se compara la verdad con una fuente caudalosa: si sus aguas no fluyen en movimiento continuo, acaban por corromperse en una charca fangosa de conformidad y tradición (pp. 131-133).

Para Milton, aquellos que recurren a la «justicia armada» con el pretexto de defender la verdad no hacen otra cosa que matarla definitivamente (p. 155). Y matando la verdad, acaban por matar también la libertad. Del mismo modo, recíprocamente, cuando se mata la libertad acaba haciéndose imposible la búsqueda de la verdad: «Dame la libertad de saber, de expresarme, de discutir libremente según mi conciencia, por encima de todas las otras libertades—añade en *Areopagítica*—» (p. 173). Esta libertad de discusión le permite al hombre reunir los fragmentos dispersos de la verdad:

Seguir firmes en la búsqueda de aquello que no conocemos por medio de aquello que ya sabemos, arrimando siempre una parte de la verdad a otra a medida que la vamos descubriendo (pues todo su cuerpo es homogéneo y proporcionado), esta es la regla dorada de la teología, como lo es de la aritmética [...] (p. 151).

Habría aún mucho más que decir. Lejos de cualquier posible conclusión, me gustaría sin embargo acabar provisionalmente con una bellísima cita de Lessing en la que, una vez más, se hace hincapié en la necesidad de buscar la verdad:

La valía del ser humano no reside en la verdad que uno posee o cree poseer, sino en el sincero esfuerzo que realiza para alcanzarla. Porque las fuerzas que incrementan su perfección sólo se amplían mediante la búsqueda de la verdad, no mediante su posesión. La posesión aquieta, vuelve perezoso y soberbio. Si Dios tuviera encerrada en la mano derecha la verdad completa y en la mano izquierda nada más que el continuo impulso hacia ella, aun con la condición de equivocarse siempre y eternamente, y me dijera: «¡Elige!», yo me inclinaría con humildad hacia su izquierda y diría: «Dame esto, Padre; la verdad pura sólo te corresponde a ti».

Palabras, estas de Lessing, como las de los otros autores que hemos leído más arriba, capaces de hacernos vibrar las cuerdas del corazón, de testimoniar hasta qué punto la pretendida inutilidad de los clásicos puede revelarse, por el contrario, como un utilísimo instrumento para recordarnos—a nosotros y a las futuras generaciones, a todos los seres humanos abiertos a dejarse entusiasmar—que la posesión y el beneficio matan, mientras que la búsqueda, desligada de cualquier utilitarismo, puede hacer a la humanidad más libre, más tolerante y más humana.

BIBLIOGRAFÍA[1]

INTRODUCCIÓN

PIERRE HADOT, «¿Es la filosofía un lujo?», en: *Ejercicios espirituales y filosofía antigua*, prefacio de Arnold I. Davidson, traducción de Javier Palacio, Madrid, Siruela, 2006, p. 300.

STEFANO RODOTÀ, *Il diritto di avere diritti*, Roma-Bari, Laterza, 2012.

JEAN-JACQUES ROUSSEAU, *Discurso sobre las ciencias y las artes*, en: *Discurso sobre el origen y los fundamentos de la desigualdad entre los hombres y otros escritos*, estudio preliminar, traducción y notas de Antonio Pintor Ramos, Madrid, Tecnos, 1987, II, p. 23.

DENIS DIDEROT, *Satire contre le luxe*, en: *Regrets sur ma vieille robe de chambre ou Avis à ceux qui ont plus de goût que de fortune* seguido de la *Satire contre le luxe*, París, Éditions de l'Éclat, 2011, p. 42.

CHARLES BAUDELAIRE, *Las flores del mal*, en: *Poesía completa. Escritos autobiográficos. Los paraísos artificiales. Crítica artística, literaria y musical*, edición de Javier del Prado y José A. Millán Alba, Madrid, Espasa, 2000, p. 133 (*cfr. Les Fleurs du mal*, París, Le Livre de poche, 1972, p. 130).

CHARLES GUSTAVE FLAUBERT, *Diccionario de lugares comunes*, prólogo de Pedro Provencio, traducción de Tomás Onaindia, Madrid, Edaf, 2005, p. 115.

FRIEDRICH HÖLDERLIN, *Andenken-Recuerdo*, en: *Poemas*, traducción e introducción de José María Valverde, Barcelona, Icaria, 1991, pp. 152-153. Sobre la poesía de Hölderlin, *cfr.*

---

[1] Debemos advertir que, a lo largo del texto, nos hemos permitido en algunas ocasiones apartarnos ligeramente de las traducciones que se indican en esta bibliografía.

MARTIN HEIDEGGER, *Interpretaciones sobre la poesía de Hölderlin*, introducción de Eugenio Trías, traducción de José María Valverde, Barcelona, Ariel, 1983.

CHARLES PERCY SNOW, *Las dos culturas*, introducción de Stefan Collini, traducción de Horacio Pons, Buenos Aires, Nueva Visión, 2000.

ILYA PRIGOGINE-ISABELLE STENGERS, *La nueva alianza. Metamorfosis de la ciencia*, traducción de Manuel García Velarde y María Cristina Martín Sanz, revisión de Diego Rasskin Gutman, Madrid, Alianza, 2004.

PLATÓN, *El banquete*, en: *Diálogos*, III, introducción, traducción y notas de M. Martínez Hernández, Madrid, Gredos, 1986, (175 d).

EUGÈNE IONESCO, «Comunicación para una reunión de escritores franceses y alemanes» [febrero de 1961], en: *Notas y contranotas. Estudios sobre el teatro*, traducción de Eduardo Paz Leston, Buenos Aires, Losada, 1965, p. 122.

KAKUZO OKAKURA, *El libro del Té. La Ceremonia del Té japonesa (Cha no Yu)*, traducción de José Javier Fuente del Pilar, Madrid, Miraguano, 2012, p. 95.

RAINER MARIA RILKE, *Cartas a un joven poeta*, traducción y nota preliminar de José María Valverde, Madrid, Alianza, 2005, pp. 37-38.

EDMOND ROSTAND, *Cyrano de Bergerac*, prólogo de Jaime Campmany, traducción de Jaime y Laura Campmany, Madrid, Espasa Calpe, 2005, p. 200; *cfr. Cyrano de Bergerac*, prefacio y comentario de Claude Aziza, París, Presses Pocket, 1989, (V, VI), p. 337.

EUGÈNE IONESCO, *Entrevista con los* Cahiers Libres de la Jeunesse [1960], en: *Notas y contranotas, op. cit.*, p. 96.

PIETRO BARCELLONA, *Elogio del discorso inutile. La parola gratuita*, Bari, Dedalo, 2010, p. 15. En este hermoso libro, Barcellona critica los discursos que pretenden medir la eficiencia y la utilidad sin tomar verdaderamente en cuenta los conflictos que agitan a los seres humanos.

PIERRE LECOMTE DU NOÜY, *L'intelligence, les gestes inutiles, le mariage*, en: *La dignité humaine*, París, Fayard, 1967, pp. 79-86 (la cita se encuentra en p. 79). Pero *cfr.* también *L'avenir de l'esprit*, París, Gallimard, 1941, (IX), p. 204. Naturalmente, he citado a P. L. du Noüy sólo por sus observaciones sobre lo inútil: sus convicciones religiosas y conclusiones filosóficas son del todo ajenas a la perspectiva de mi trabajo.

MIGUEL BENASAYAG-GÉRARD SCHMIT, *Las pasiones tristes. Sufrimiento psíquico y crisis social*, Buenos Aires, Siglo XXI, 2010, (5), p. 69.

MARIO VARGAS LLOSA, «Elogio de la lectura y de la ficción», en *El País*, 8 de diciembre de 2010.

OSCAR WILDE, *El abanico de Lady Windermere*, prólogo de Alfonso Sastre, traducción de Alfonso Sastre y José Sastre, Madrid, Edaf, 1993, acto II, p. 175 (*cfr.* también el *Prefacio* a *El retrato de Dorian Gray*, introducción de Luis Antonio de Villena, traducción de Julio Gómez de la Serna, Barcelona, Planeta, 1997, p. 7).

VOLTAIRE, *Le Mondain*, en: *Les Œuvres complètes de Voltaire*, vol. 16, edición crítica de H. T. Mason, Oxford, Voltaire Foundation, 2003, (v. 22), p. 296. Debe decirse que para Voltaire lo superfluo no sólo encarna el arte y algunos valores libertinos, sino que constituye también una apología, en clave económica, del lujo. Para un interesante análisis del tema de lo superfluo en la literatura y el arte véase la colección de ensayos publicados en *Le superflue, chose très nécessaire*, bajo la dirección de Gaïd Girard, Rennes, Presses Universitaires de Rennes, 2004.

EUGÈNE IONESCO, «Comunicación para una reunión de escritores franceses y alemanes» [febrero de 1961], en: *Notas y contranotas, op. cit.*

Sobre los autos de fe de libros y sobre las destrucciones de bibliotecas enteras *cfr.* LUCIEN X. POLASTRON, *Libros en llamas. Historia de la interminable destrucción de bibliotecas*, traducción de Hilda H. García y Lucila Fernández Suárez, México DF, FCE, 2007 (el episodio chino, en p. 86); sobre las bibliotecas y sobre los lazos entre libros y libertad véase LUCIANO CANFORA, *Libro e libertà*, Roma-Bari, Laterza, 1994.

BENEDETTO CROCE, «La fine della civiltà», en: *Filosofia e storiografia*, Nápoles, Bibliopolis, 2005, p. 285.

JORGE LUIS BORGES, *La muralla y los libros*, en: *Obras completas*, II, Buenos Aires, Emecé, 1989, p. 11.

CICERÓN, *Las paradojas de los estoicos*, introducción, edición, traducción y notas de Julio Pimentel Álvarez, México DF, UNAM, 2000, (VI, 43).

Anónimo [PSEUDO LONGINO], *Sobre lo sublime*; ARISTÓTELES, *Poética*, texto, introducción, traducción y notas de José Alsina Clota, Barcelona, Bosch, 1977.

GIORDANO BRUNO, *De immenso*, en: *Opera Latine conscripta*, edición de F. Fiorentino, F. Tocco, H. Vitelli, V. Imbriani, C. M. Tallarigo, Nápoles y Florencia, Morano y Le Monnier 1879-1891, (vol. I, I), p. 208 (traducción italiana: G. Bruno, *L'immenso e gli innumerevoli*, en: *Opere latine*, a cargo de Carlo Monti, Turín, Utet, 1980, p. 425).

JOHN MAYNARD KEYNES, *Posibilidades económicas de nuestros nietos*, en: *Ensayos de persuasión*, traducción de Jordi Pascual, Barcelona, Crítica, 1988, p. 332. Para un análisis de estas páginas de Keynes publicadas en 1930—en relación también con el impulso utópico del economista que puede encontrarse en otras obras suyas—son importantes las reflexiones de Guido Rossi (en J. M. Keynes, *Possibilità economiche per i nostri nipoti*, seguido de G. Rossi, *Possibilità economiche per i nostri nipoti?*, Milán, Adelphi, 2009, pp. 33-52).

GEORGES BATAILLE, *El límite de lo útil (fragmentos de una versión abandonada de* La parte maldita), traducción de Manuel Arranz, Madrid, Losada, 2005. Las remisiones a las pp. 377-378 corresponden, sin embargo, a una carta enviada por Bataille a Jérôme Lindon (G. BATAILLE, *Choix de lettres. 1917-1962*, edición establecida, presentada y anotada por Michel Surya, París, Gallimard, 1997, pp. 377-379), que Felice Ciro Papparo señala oportunamente en un hermoso ensayo (*cfr. Il límite dell'utile*, a cargo y con un ensayo de F. C. Papparo, Milán, Adelphi, 2012², pp. 246-247).

GEORGE STEINER, *Prólogo* a ROB RIEMEN, *Nobleza de espíritu. Tres ensayos sobre una idea olvidada*, traducción de Goedele De Sterck, Barcelona, Arcadia, 2006, pp. 12-13.

ITALO CALVINO, *Las ciudades invisibles*, traducción de Aurora Bernárdez, Barcelona, Minotauro, 1985, p. 175.

—, *Por qué leer los clásicos*, noticia preliminar de Esther Calvino, traducción de Aurora Bernárdez, Madrid, Siruela, 2009, p. 20.

R. RIEMEN, *Introducción*, en: G. STEINER, *La idea de Europa*, prólogo de Mario Vargas Llosa, traducción de María Condor, Madrid, Siruela, 2005, p. 32.

PRIMERA PARTE
LA ÚTIL INUTILIDAD DE LA LITERATURA

VICTOR HUGO, *Los miserables*, II, traducción de Aurora Alemany, Barcelona, Círculo de lectores, 2004, (parte IV, libro VI, cap. 2), p. 129.

1.

VINCENZO PADULA, *Le vocali. Ossia la prima lezione di mio padre*, en: *Persone in Calabria*, introducción de Carlo Muscetta, bibliografía a cargo de Attilio Marinari, Manziana (Roma), Vecchiarelli, 1993, pp. 22 y 25.

3.

DAVID FOSTER WALLACE, *Esto es agua. Unos cuantos pensamientos, leídos para un evento importante, sobre cómo vivir la vida con compasión*, traducción Javier Calvo Perales, Barcelona, Mondadori, 2012 (edición digital).

4.

GABRIEL GARCÍA MÁRQUEZ, *Cien años de soledad*, Barcelona, Plaza y Janés, 1975.

5.

DANTE ALIGHIERI, *El convite*, en: *El convite. Monarquía, Disputa sobre el agua y la tierra*, prólogo de Cesare Vasoli, traducciones de José Luis Gutiérrez García, Laureano Robles y Luis Frayle, corregidas y anotadas por Miguel A. Granada, Barcelona, Círculo de lectores, 1995, (I, IX, 3-4), p. 72.

FRANCESCO PETRARCA, *Cancionero* I, edición bilingüe de Jacobo Cortines, Madrid, Cátedra, 1989, (7), p. 143 (*cfr. Canzo-*

niere, edición comentada a cargo de Marco Santagata, Milán, Mondadori, 1996, p. 35).

6.

TOMÁS MORO, *Utopía. El Estado perfecto*, edición, revisión y notas de Alberto Laurent, traducción y notas de Ramón Esquerra, Barcelona, Abraxas, 2004.

TOMMASO CAMPANELLA, *La Ciudad del Sol*, traducción de Miguel A. Granada, Madrid, Tecnos, 2007.

FRANCIS BACON, *Nueva Atlántida*, edición de Emilio García Estébanez, Madrid, Akal, 2006.

RAYMOND TROUSSON, *El desarrollo de la utopía moderna*, en: *Historia de la literatura utópica. Viajes a países inexistentes*, traducción de Carlos Manzano, Barcelona, Península, 1995, pp. 116-117.

Cfr. HENRI DENIS, *El comunismo de Moro y de Campanella*, en: *Historia del pensamiento económico. Vol. 1*, traducción de Nuria Bozzo Durán y Antonio Aponte, Esplugues de Llobregat (Barcelona), Ariel, 1970, pp. 107-115.

7.

ROBERT LOUIS STEVENSON, *La isla del tesoro*, introducción, traducción y notas de Dámaso López García, Madrid, Gredos, 2006.

GEMINELLO ALVI, «Il capitale», en: *Il capitalismo: verso l'ideale cinese*, Venecia, Marsilio, 2011, (cap. 11), pp. 191-193.

Sobre la relación de Stevenson con la moral véanse las agudas reflexiones de FERNANDO SAVATER, *Poe y Stevenson. Dos amores literarios*, Santander, Límite, 2002, pp. 53-148.

Una breve alusión al interés de Jim por el valor no venal de las monedas se halla también en la voz italiana de Wikipedia dedicada a la *Isla del tesoro*.

8.

WILLIAM SHAKESPEARE, *El mercader de Venecia*, en: *La doma de la furia; El mercader de Venecia*, introducción, traducción y notas de José María Valverde, Barcelona, Planeta, 1982 (sobre el tema de la ambigüedad y la incertidumbre *cfr.* la introducción, p. XI, de *Il Mercante di Venezia*, edición y traducción de Agostino Lombardo, Milán, Feltrinelli, 2010⁹).

Sobre la literatura del sileno en el Renacimiento véase N. ORDINE, «L'asino come i sileni: le apparenze ingannano», en: *La cabala dell'asino. Asinità e conoscenza in Giordano Bruno*, prefacio de Eugenio Garin, Nápoles, Liguori, 1996, pp. 109-118 (pero véase también para la iconografía y para la bibliografía, N. ORDINE, «La hermenéutica del Sileno», en: *El umbral de la sombra. Literatura, filosofía y pintura en Giordano Bruno*, prólogo de Pierre Hadot, traducción de Silvina Paula Vidal, Madrid, Siruela, 2008, pp. 53-55).

Sobre el tema de lo «superfluo» *cfr.* HELEN MOORE, «Superfluity versus Competency in *The Merchant of Venice*», en: *Le superflue, chose très nécessaire, op. cit.*, pp. 117-121.

Sobre la equiparación del cuerpo con el dinero cfr. JOHN DRAKAKIS, «Jew. "Shylock is my name": Speech-prefixes in *The Merchant of Venice* as symptoms of the early modern», en: *Shakespeare and Modernity. Early Modern to Millenium*, edición de Hugh Grady, Londres y Nueva York, Routledge, 2000, pp. 112-113 (*cfr.* asimismo CHIARA LOMBARDI, *Mondi nuovi a teatro. L'immagine del mondo sulle scene europee di Cinquecento e Seicento: spazi, economia, società*, Milán, Mimesis, 2011, pp. 113-137, p. 126 en particular).

Sobre la oposición entre cristianos y no-cristianos (considerados como bestias y seres demoniacos) *cfr.* MICHELE STANCO, «Il contratto ebraico-cristiano: l'usura, la penale, il processo in *The Merchant of Venice*», en: *Tensioni etiche e giustizia poetica in Shakespeare*, Roma, Carocci, 2009, pp. 129-156.

Para las reflexiones de Marx sobre Shylock *cfr.* LUCIANO PARINETTO, *Marx e Shylock*, en: L. PARINETTO y LIVIO SICHIROLLO, *Marx e Shylock. Kant, Hegel, Marx e il mondo ebraico, con una nuova traduzione di Marx*, La questione ebraica, Milán, Unicopli, 1982, pp. 27-114 (la cita se encuentra en p. 46).

FRANCO MARENCO, *Barabas-Shylock: ebrei o cristiani?*, en: *Il personaggio nelle arti della narrazione*, a cargo de F. Marenco, Roma, Storia e Letteratura, 2007, pp. 169-189.

Sobre la ética protestante del beneficio y sobre los puritanos ingleses *cfr.* MAX WEBER, *La ética protestante y el espíritu del capitalismo,* introducción y edición crítica de Francisco Gil Villegas, México DF, FCE., 2003.

9.

ARISTÓTELES, *Metafísica,* edición trilingüe por Valentín García Yebra, Madrid, Gredos, 1982, (I [A], 2, 982-b).

10.

PLATÓN, *Teeteto,* en: *Diálogos V,* introducción, traducción y notas de A. Vallejo Campos, Madrid, Gredos, 1988.

Sobre el conflicto en el *Teeteto* entre logros filosóficos y fracasos en el plano de la vida *cfr.* PAUL RICOEUR, *Être, essence et substance chez Platon et Aristote. Cours professé a l'université de Strasbourg en* 1953-1954, texto revisado y anotado por Jean-Louis Schlegel, París, Seuil, 2011, pp. 47-48.

Sobre el *topos* de Tales que cae en un pozo suscitando la risa de la mujer de Tracia cfr. HANS BLUMENBERG, *La risa de la muchacha tracia. Una protohistoria de la teoría,* traducción de Teresa Rocha e Isidoro Reguera, Valencia, Pre-Textos, 2000.

PLATÓN, *La república,* en: *Diálogos IV,* introducción, traducción y notas de Conrado Eggers Lan, Madrid, Gredos, 1986.

Cfr. MARIO VEGETTI, *Il regno filosofico,* en: PLATÓN, *La Repubblica. Libro V,* traducción y notas de Mario Vegetti, Nápoles, Bibliopolis, 2000, volumen IV, pp. 335-364.

11.

IMMANUEL KANT, *Crítica del juicio,* edición y traducción de Manuel García Morente, Madrid, Espasa Calpe, 2004.

12.

OVIDIO, *Metamorfosis,* I-V, introducción, traducción y notas de Vicente Cristóbal López, Madrid, Gredos, 1989, (I, 131).

—, *Pónticas,* in *Id., Tristes. Pónticas,* introducción, traducción y notas de José González Vázquez, Madrid, Gredos, 1992, (I, 5, 53-54).

En los comentarios más recientes a las *Epistulae ex Ponto,* apenas se alude a la cuestión de la inutilidad: *cfr.* OVIDIO, *Epistulae ex Ponto. Book* 1, introducción, traducción y notas de Jan Felix Gaertner, Oxford, Oxford University Press, 2005, p. 334.

13.

MICHEL DE MONTAIGNE, *Los ensayos*, prólogo de Antoine Compagnon, edición y traducción de J. Bayod Brau, Barcelona, Acantilado, 2007. La cita de Garavini se encuentra en p. VII de *Prefazione* a *Saggi*, traducción de Fausta Garavini, notas de André Tournon, edición bilingüe a cargo de A. Tournon, Milán, Bompiani, 2012. *Cfr.* el importante ensayo de A. TOURNON, «*Route par ailleurs*». *Le «nouveau langage» des* Essais, París, Champion, 2006, p. 113.

14.

GIACOMO LEOPARDI, *Tutte le poesie e tutte le prose*, a cargo de Lucio Felici y Emanuele Trevi, edición integral, Roma, Newton & Compton, 1997 (para las traducciones de *Pensamientos* y *Cantos cfr. Obras*, traducción, prólogo y notas de Antonio Colinas, Barcelona, Círculo de lectores, 1997).

Para un análisis del programa del *Spettatore Fiorentino* y del tema de la inutilidad, *cfr.* GINO TELLINI, *Leopardi*, Roma, Salerno editrice, 2001, pp. 219-236.

15.

THÉOPHILE GAUTIER, *Prefacio del autor*, en: *Mademoiselle de Maupin*, traducción de Carlos de Arce, Barcelona, Mondadori, 2007 (para un rico comentario *cfr.* La Préface de *Mademoiselle de Maupin*, edición crítica de Georges Matoré, París, Droz, 1946).

JEAN STAROBINSKI, «El deslumbramiento ante la ligereza o el triunfo del payaso», en: *Retrato del artista como saltimbanqui*, traducción de Belén Gala Valencia, Madrid, Abada, 2007, p. 28 (Starobinski analiza las metáforas utilizadas por los escritores mismos para explicar los rasgos esenciales de su poética).

THÉOPHILE GAUTIER, *Préface*, en: *Albertus ou l'âme et le péché, légende théologique*, París, Paulin, 1833.

16.

CHARLES BAUDELAIRE, *Pensamientos y notas autobiográficas*,

en: *Poesía completa. Escritos autobiográficos. Los paraísos artificiales. Crítica artística, literaria y musical*, op. cit.

17.

JOHN LOCKE, *Pensamientos acerca de la educación*, prefacio, biografía y crítica de H. Quick, traducción y notas de Domingo Barnés, Barcelona, Humanitas, 1982, § 174.
Sobre las críticas de Locke a la pedagogía retórica de su tiempo véase CARLO AUGUSTO VIANO, *John Locke*, Turín, Einaudi, 1960, p. 539. Sobre la concepción lockeana del *gentleman* fundada en los saberes útiles, *cfr.* ERNESTO FAGIANI, *Nel crepuscolo della probabilità. Ragione ed esperienza nella filosofia sociale di John Locke*, Nápoles, Bibliopolis, 1983, pp. 29-47.

18.

GIOVANNI BOCCACCIO, *Decamerón*, prólogo, traducción y notas de Pilar Gómez Bedate, Madrid, Siruela, 1990, (*Introducción a la IV jornada*), p. 229.

19.

FEDERICO GARCÍA LORCA, *Prosa I*, en: *Obras VI*, introducción, edición y notas de Miguel García-Posada, Madrid, Akal, 1994, p. 423.

20.

MIGUEL DE CERVANTES, *Don Quijote de la Mancha*, edición del Instituto Cervantes dirigida por Francisco Rico, Barcelona, Crítica, 1998.
El acercamiento entre el *Quijote* y el episodio de la plaza Tiananmen en Pekín ha sido objeto de debate en la transmisión «Le Storie», difundida por la emisora de RAI TRE el 16 de abril de 2013. Incitado por las preguntas de Corrado Augias, he reflexionado sobre la célebre imagen del joven que con los brazos abiertos cierra el paso a los carros de combate.

21.

CHARLES DICKENS, *Tiempos difíciles*, traducción de Amando Lázaro Ros, prólogo, cronología y notas de José María Valverde, ultílogo de G. K. Cherterton, Barcelona, Círculo de Lectores, 1996.

22.

MARTIN HEIDEGGER, *Seminarios de Zollikon: protocolos, diálogos, cartas*, edición de Medard Boss, traducción de Ángel Xolocotzi Yánez, Morelia (Michoacán, México), Jitanjáfora Morelia y Red Utopía, 2007, p. 222.

23.

ZHUANG-ZI, *Chuang-Tzu*, estudio y traducción de Carmelo Elorduy, Caracas, Monte Ávila, 1984.

KAKUZO OKAKURA, *El libro del Té. La Ceremonia del Té japonesa (Cha no Yu)*, *op. cit.*, p. 95.

24.

EUGÈNE IONESCO, «Comunicación para una reunión de escritores franceses y alemanes» [febrero de 1961], en: *Notas y contranotas*, *op. cit.*, p. 122.

25.

ITALO CALVINO, «Las aventuras de tres relojeros y de tres autómatas», en: *Colección de arena*, traducción de Aurora Bernárdez, Siruela, 1998.

Sobre el interés del escritor por la ciencia *cfr.* MASSIMO BUCCIANTINI, *Italo Calvino e la scienza*, Roma, Donzelli, 2007.

26.

EMIL CIORAN, «La soberbia inutilidad», en: *Breviario de podredumbre*, traducción y prólogo de Fernando Savater, Madrid, Taurus, 1972.

—, «Esbozos de vértigo», en: *Desgarradura*, traducción de Mª Dolores Aguilera, Barcelona, Montesinos, 1983, pp. 93-94, 149.

SEGUNDA PARTE

LA UNIVERSIDAD-EMPRESA
Y LOS ESTUDIANTES-CLIENTES

ALBERT EINSTEIN, *Carta a Carl Seelig* (11 de marzo de 1952, Escuela Politécnica Federal de Zúrich, Albert Einstein Archives 39-013).

1.

MARTHA C. NUSSBAUM, *Sin fines de lucro. Por qué la democra-*

cia necesita de las humanidades, prefacio de Ruth O'Brien, traducción de María Victoria Rodil, Buenos Aires, Katz, 2010. Para una defensa de los saberes humanísticos en la actualidad véase también el bello volumen misceláneo *A che serve la Storia. I saperi umanistici alla prova della modernità*, a cargo de Piero Bevilacqua, Roma, Donzelli, 2011.

2.

SIMON LEYS, «Une idée de l'université», en: *Le Studio de l'inutilité*, París, Flammarion, 2012, p. 288 (en este ensayo que cierra el volumen y en las primeras páginas introductorias, Leys nos ofrece interesantes reflexiones sobre el tema de la inutilidad).

3.

MARC FUMAROLI, «Le Accademie come beni comuni dell'umanità», en: *Uno scandalo internazionale*, Nápoles, Istituto Italiano per gli Studi Filosofici, 2012, pp. 13-16 (sobre el nacimiento del Collège de France, *cfr. Les origines du Collège de France. 1500-1560*, bajo la dirección de Marc Fumaroli, París, Klincksieck, 1998).

MONTESQUIEU, *Pensées*, en: *Pensées. Le Spicilège*, edición de Louis Desgraves, París, Robert Laffont, 1991, n.° 741, p. 341.

4.

VICTOR HUGO, *Du péril de l'ignorance*, prefacio de Marie-Noël Rio, París, Les éditions du Sonneur, 2010.

5.

ALEXIS DE TOCQUEVILLE, *La democracia en América*, II, traducción de Dolores Sánchez de Aleu, Madrid, Alianza, 1999. Sobre la importancia de las reflexiones de Tocqueville contra el excesivo impulso de lo útil ha escrito varios ensayos Marc Fumaroli.

6.

ALEKSANDR HERZEN, *Mi pasado y mis ideas*, selección y traducción de Jorge Ferrer Díaz, Barcelona, El Aleph, 2013 («Parte quinta. Arabescos de Occidente II»).

7.

GEORGES BATAILLE, *Choix de lettres*. 1917-1962, pp. 377-379, *op. cit.*; véase también *El límite de lo útil, op. cit.*

Para un análisis de las posiciones de Bataille sobre la economía *cfr.* GIOVAMBATTISTA VACCARO, «Per un'economia della distruzione», en: *Al di là dell'economico. Per una critica filosofica dell'economia*, a cargo de G. Vaccaro, Milán, Mimesis, 2008, pp. 15-42.

8.

JOHN H. NEWMAN, «Discurso V. El saber como fin en sí mismo» y «Discurso VII. El saber considerado en relación con la preparación técnica», en: *Discursos sobre el fin y la naturaleza de la educación universitaria*, traducción, introducción y notas de José Morales, Pamplona, Eunsa, 1996.

9.

JOHN LOCKE, *Pensamientos acerca de la educación, op. cit.*, § 164.

ANTONIO GRAMSCI, *Cuadernos de la cárcel 4*, edición crítica del Instituto Gramsci, a cargo de Valentino Gerratana; traducción de Ana María Palos, revisada por José Luis González, México DF, Era, 1986 («Quaderno 12», XXIX), pp. 376-377.

Entre las numerosas obras consagradas a la defensa del latín y de las lenguas clásicas en general véanse al menos: WILFRIED STROH, *El latín ha muerto, ¡viva el latín! Breve historia de una gran lengua*, traducción de Fruela Fernández, prólogo de Joaquín Pascual Barea, Barcelona, Ediciones del subsuelo, 2012; *Sans le latin...*, Cécilia Suzzoni y Hubert Aupetit (eds.), París, Mille et une nuits, 2012 (en esta recopilación de conferencias figura también el trabajo de YVES BONNEFOY, «Le latin, la démocratie, la poésie», pp. 385-393). Sobre el vínculo entre filología y libertad, véase LUCIANO CANFORA, *Filologia e libertà*, Milán, Mondadori, 2008 (sobre Giorgio Pasquali, en particular, las pp. 12-13). Sobre las desastrosas consecuencias de una civilización que pierde la memoria de las lenguas clásicas, *cfr.* L. CANFORA, «Difendere l'insegnamento del latino non è una battaglia di retroguardia», *Corriere della sera*, 11 de junio de 2012, p. 32.

11.

GEORGE STEINER, *Lecciones de los maestros*, traducción de María Cóndor, Madrid, Siruela, 2004, p. 26.

En defensa de los clásicos, contra la invasión de la literatura secundaria, GEORGE STEINER ha escrito páginas fundamentales: véanse al menos los volúmenes *Presencias reales* (Barcelona, Destino, 1991); *Pasión intacta* (Madrid, Siruela, 1997); y *La poesía del pensamiento* (Madrid, Siruela, 2012).

MAX SCHELER, *Amor y conocimiento y otros escritos*, edición y traducción de Sergio Sánchez-Migallón, Madrid, Ediciones Palabra, 2010, p. 11 (la cita está extraída de una carta de Goethe dirigida a Friedrich Heinrich Jacobi el 10 de mayo de 1812: *cfr.* JOHANN WOLFGANG GOETHE, *Sämtliche Werke. Briefe, Tagebücher und Gespräche*, vol. VII [34], *Napoleonische Zeit* [10. *Mai* 1805-6. *Juni* 1816], Fráncfort, Deutscher Klassiker Verlag, 1994, p. 59).

12.

Entre los numerosos autores que han escrito sobre el conflicto entre el Warburg Institute y la Universidad de Londres, recordamos a ANTHONY GRAFTON y JEFFREY HAMBURGER, «Save the Warburg», in *New York Review of Books*, vol. LVII, n.° 14, 30 de septiembre de 2010, pp. 72-74; la revista *Common Knowledge* (18.1, invierno de 2012) ha dedicado un número especial a la delicada cuestión, con diferentes contribuciones, entre ellas la del director del Warburg, Peter Mack, y la de la responsable de la Biblioteca, Jill Kraye.

Las vicisitudes de la biblioteca del Istituto Italiano per gli Studi Filosofici de Nápoles han sido seguidas por los medios (diarios, radio, televisiones) italianos y extranjeros. El *Corriere della Sera*, en particular, ha dedicado numerosos artículos a las peripecias de los libros del Instituto napolitano (24-31 de agosto y 1, 6 y 10 de septiembre de 2012).

La carta del cardenal Bessarión se cita en EUGENIO GARIN, *La cultura del Rinascimento*, Milán, Il Saggiatore, 1988, p. 41.

14.

Sobre el artículo publicado por ARTURO CASADEVALL en la revista *Proceedings of the National Academy of Science*, *cfr.* el comentario de EUGENIA TOGNOTTI, «Scienziati con il vizio della truffa», *La Stampa*, 6 de octubre de 2012, p. 1.

15.

Ioannis Stobai Anthologii libri duo priores qui inscribi solent Eclogae Physicae et Ethicae, edición de Curt Wachsmuth, Berlín, 1884, vol. II, 228, 25-29 (cap. XXXI, [Sobre la instrucción y la educación], 114).

PLUTARCO, «Marcelo», en: *Vidas paralelas* III, introducción, traducción y notas de Paloma Ortiz García, Madrid, Gredos, 2006, (17, 5-7).

Sobre la controvertida interpretación de la anécdota de Euclides y del testimonio de Plutarco *cfr.* LUCIO RUSSO, *La rivoluzione dimenticata. Il pensiero greco e la scienza moderna*, prefacio de Marcello Cini, Milán, Feltrinelli, 2010[6], pp. 232-240; pero véase también PAOLO ROSSI, *Los filósofos y las máquinas, 1400-1700*, traducción de José M. García de la Mora, prólogo de Joaquín Carreras Artau, Barcelona, Labor, 1966, pp. 62-64.

16.

HENRI POINCARÉ, «El análisis y la física», en: *El valor de la ciencia*, traducción, prólogo y notas de Alfredo B. Besio y José Banfi, Buenos Aires, Espasa Calpe, 1946.

JUVENAL, *Sátiras*, en: JUVENAL-PERSIO, *Sátiras*, introducción, traducción y notas de M. Balasch Recort, introducciones generales de M. Balasch Recort y M. Dolç, Madrid, Gredos, 1991, (VIII, 83-84).

HENRI POINCARÉ, «La elección de los hechos», en: *Ciencia y método*, traducción de M. García Miranda y L. Alonso, Buenos Aires, Espasa Calpe, 1946.

Para un examen en clave psicoanalítica del verso de Juvenal en Kant, Claudel y Lacan *cfr.* ALENKA ZUPANCIC, *Ética de lo real. Kant, Lacan*, Buenos Aires, Prometeo Libros, 2011.

TERCERA PARTE
POSEER MATA: «DIGNITAS
HOMINIS», AMOR, VERDAD

MICHEL DE MONTAIGNE, *Los ensayos, op. cit.*, (I, XLII), p. 384.

1.

MICHEL DE MONTAIGNE, *Los ensayos*, *op. cit.*

2.

HIPÓCRATES, *Ippocrate e Democrito (Epistole* 10-21*)*, en: *Lettere sulla follia di Democrito*, edición bilingüe a cargo de Amneris Roselli, Nápoles, Liguori, 1998.

SÉNECA, *Epístolas morales a Lucilio*, introducción, traducción y notas de Ismael Roca Meliá, Madrid, Gredos, 1994.

GIOVANNI PICO DELLA MIRANDOLA, *De la dignidad del hombre. Con dos apéndices: Carta a Hermolao Bárbaro y Del ente y el uno*, edición preparada por Luis Martínez Gómez, Madrid, Editora Nacional, 1984.

LEON BATTISTA ALBERTI, *De las ventajas y desventajas de las letras*, introducción, traducción y notas de Alejandro Coroleu, Barcelona, PPU, 1991, (6), pp. 102-103.

Anónimo [PSEUDO LONGINO], *Sobre lo sublime*, *op. cit.*

3.

ANTOINE DE SAINT-EXUPÉRY, *Ciudadela*, prólogo de Horacio Vázquez-Rial, traducción de Hellen Ferro, Barcelona, Alba, 1998, 55, p. 150.

MICHEL SERRES, *Le mal propre: polluer pour s'approprier?*, París, Editions du Pommier, 2009.

LUDOVICO ARIOSTO, *Orlando furioso*, traducción y prólogo de José María Micó, Madrid, Espasa, 2010, 43 (*cfr. Orlando furioso*, prefacio y notas de Lanfranco Caretti, Turín, Einaudi, 1971²).

VIRGILIO, *Eneida*, introducción, traducción y notas de Javier de Echave-Sustaeta, Madrid, Gredos, 1992.

MIGUEL DE CERVANTES, *Don Quijote*, *op. cit.*

DENIS DIDEROT, *El sueño de D'Alembert y Suplemento al Viaje de Bougainville*, introducción de Jean Paul Jouary, traducción de Manuel Ballestero, Madrid, Debate, 1992, III, pp. 76-77.

RAINER MARIA RILKE, *Carta a Jelena M. Woronina* (9 de marzo de 1899), en: KONSTANTIN ASADOWSKI (ed.), *Rilke und Russland. Briefe, Erinnerungen, Gedichte*, Fráncfort, Insel, 1986, pp. 85-86. *Cfr.* R. M. Rilke, *Poesie. I (1895-1908)*, edición bilingüe a cargo de Giuliano Baioni, notas de Andreina Lavagetto, Turín, Einaudi, 1994, p. 782.

4.

PLATÓN, *El banquete, op. cit.*, (201 d-212 c).

GIORDANO BRUNO, *De immenso, op. cit.*, pp. 203-204 (trad. it. *op. cit.*, p. 420). Sobre este pasaje del *De immenso* y sobre la relación entre *quête* filosófica y *quête* amorosa, *cfr.* NUCCIO ORDINE, *El umbral de la sombra. Literatura, filosofía y pintura en Giordano Bruno, op. cit.*, pp. 123-147 (sobre el pasaje del *De immenso*, en particular, n. 45, pp. 288-289).

——, *La cena de las cenizas*, introducción, traducción y notas de Miguel A. Granada, Madrid, Alianza, 1987, II, pp. 90-91 (*cfr. La cena de le Ceneri*, en: *Opere italiane*, textos críticos y nota filológica de Giovanni Aquilecchia, introducción y coordinación de N. Ordine, notas de G. Aquilecchia, Nicola Badaloni, Giorgio Barberi Squarotti, Maria Pia Ellero, M. A. Granada, Jean Seidengart; apéndices de Lars Berggren, Donato Mansueto, Zaira Sorrenti, Turín, Utet, 2002, vol. I, p. 475).

MICHEL DE MONTAIGNE, *Los ensayos, op. cit.*, (III, VIII), p. 1385.

ERASMO DE ROTTERDAM, *Lamentación de la paz*, en: *Del desprecio del mundo...* (estudio introductorio de Jordi Bayod y Joaquim Parellada), traducción y notas de Antonio Serrano Cueto, Madrid, Gredos, 2011, p. 403.

SÉBASTIEN CASTELLION, *Contre le libelle de Calvin après la mort de Michel Servet*, edición, presentación, notas y traducción de Étienne Barilier, Carouge-Ginebra, Éditions Zoé, 1998, pp. 129 y 161.

GIOVANNI BOCCACCIO, *Decamerón, op. cit.*, p. 38.

GOTTHOLD EPHRAIM LESSING, *Natán el sabio*, introducción, traducción y notas de Agustín Andreu, Barcelona, Anthropos, 2008, p. 55 (*cfr. Nathan der Weise*, en: *Werke*, II, Herbert G. Göpfert (ed.), Múnich, Hanser, 1971).

JOHN MILTON, *Areopagítica*, estudio preliminar de Marc Carrillo, traducción, edición y notas de Joan Curbet, Madrid, Tecnos, 2011.

Sobre la duda como instrumento esencial para estimular la búsqueda de la verdad véanse las agudas reflexiones de GUSTAVO ZAGREBELSKY, *Contra la ética de la verdad*, traducción de Álvaro Núñez Vaquero, Madrid, Trotta, 2010.

Sobre el tema del relativismo ha intervenido en numerosas ocasiones, con su habitual claridad, UMBERTO ECO. Entre sus diversas intervenciones, quisiera al menos recordar «Assoluto e relativo: una storia infinita», en *La Repubblica* del 10 y del 11 de julio de 2007 (es el texto de la lección impartida el 9 de julio en el festival de la *Milanesiana* 2007, ideado y dirigido por Elisabetta Sgarbi). Una importante defensa del relativismo se halla en GIULIO GIORELLO, *Di nessuna chiesa. La libertà del laico*, Milán, Cortina, 2005.

GOTTHOLD EPHRAIM LESSING, *Eine Duplik* (1778), en: *Werke*, VIII, Herbert G. Göpfert (ed.), Múnich, Hanser, 1979, pp. 32-33.

ABRAHAM FLEXNER (1866-1959) fue un famoso pedagogo estadounidense. Tras sus estudios en la universidad Johns Hopkins y en Harvard, fundó varias escuelas experimentales y participó en la creación del Institute for Advanced Study de Princeton, que dirigió entre 1930 y 1939. Durante esta etapa favoreció el exilio de muchos investigadores que huían de las persecuciones nazis. Autor de numerosos libros de pedagogía, Flexner publicó en 1910 un informe sobre la enseñanza de la medicina en el siglo XX cuyas intuiciones mantienen una extraordinaria modernidad. Sus trabajos han ejercido una profunda influencia en la enseñanza de las ciencias en Estados Unidos y Europa.

ABRAHAM FLEXNER[1]

LA UTILIDAD DE LOS CONOCIMIENTOS INÚTILES

I

¿No es curioso que en un mundo saturado de odios irracionales que amenazan a la civilización misma algunos hombres y mujeres—viejos y jóvenes—se alejen por completo o parcialmente de la tormentosa corriente de la vida cotidiana para entregarse al cultivo de la belleza, a la extensión del conocimiento, a la cura de las enfermedades, al alivio de los que sufren, como si los fanáticos no se dedicaran al mismo tiempo a difundir dolor, fealdad y sufrimiento? El mundo ha sido siempre un lugar triste y confuso; sin embargo, poetas, artistas y científicos han ignorado los factores que habrían supuesto su parálisis de haberlos tenido en cuenta. Desde un punto de vista práctico, la vida intelectual y espiritual es, en la superficie, una forma inútil de actividad que los hombres se permiten porque con ella obtienen mayor satisfacción de la que pueden conseguir de otro modo. Mi pretensión en este artículo es ocuparme del problema de hasta qué punto la búsqueda de estas satisfacciones inútiles se revela inesperadamente como la fuente de la que deriva una utilidad insospechada.

Oímos decir con fastidiosa reiteración que la nuestra es una época materialista que debería tener como principal in-

---

[1] Abraham Flexner, «The Usefulness of Useless Knowledge», *Harper's Magazine*, octubre de 1939, pp. 544-552.

terés una más amplia distribución de los bienes y las oportunidades materiales. Así, la justificada protesta de aquellos que sin culpa alguna se ven privados de oportunidades y de un reparto justo de bienes mundanos aleja a un creciente número de jóvenes de los estudios seguidos por sus padres y los dirige hacia el estudio, igualmente importante y no menos urgente, de los problemas sociales, económicos y gubernamentales. No me quejo de esta tendencia. El mundo en el que vivimos es el único que nuestros sentidos pueden atestiguar. A menos que se construya un mundo mejor, un mundo más justo, millones de personas continuarán yendo a la tumba silenciosas, afligidas, llenas de amargura. Yo mismo he pasado muchos años defendiendo que nuestras escuelas deberían prestar mucha mayor atención al mundo en el que sus alumnos y estudiantes están destinados a vivir. Ahora bien, me pregunto a veces si esta corriente no ha cobrado excesiva fuerza y si habría suficientes oportunidades para una vida plena en el caso de que el mundo fuese despojado de algunas de las cosas inútiles que le otorgan significación espiritual. En otras palabras, si nuestra concepción de lo útil no se ha vuelto demasiado estrecha para adecuarse a las posibilidades errabundas y caprichosas del espíritu humano.

Podemos considerar esta cuestión desde dos puntos de vista: el científico y el humanístico o espiritual. Empecemos por el científico. Recuerdo una conversación que mantuve hace algunos años con George Eastman sobre el asunto de la utilidad. Eastman, hombre sensato, amable y clarividente, dotado de buen gusto musical y artístico, me había dicho que pretendía dedicar su vasta fortuna a promover la educación en asuntos útiles. Yo me atreví a preguntarle quién era para él el científico más útil del mundo. Respondió al instante: «Marconi». Pero yo le sorprendí diciendo: «Por más placer que nos proporcione la radio y por grande que sea la aportación de las transmisiones sin hilos y la radio a la vida humana, la contribución de Marconi fue casi insignificante».

No olvidaré su estupor en ese momento. Me pidió que se lo explicara. Le respondí algo como lo que sigue:

Señor Eastman, Marconi era inevitable. El mérito real por todo lo que se ha logrado en el campo de la transmisión sin hilos corresponde, en la medida que un mérito tan fundamental pueda asignarse a una sola persona, al profesor Clerk Maxwell, que en 1865 efectuó ciertos cálculos abstrusos y remotos en el campo del magnetismo y la electricidad. Maxwell reprodujo sus ecuaciones teóricas en un tratado que se publicó en 1873. A continuación, el profesor H. J. S. Smith de Oxford declaró en el congreso de la British Association que «ningún matemático puede recorrer las páginas de estos volúmenes sin darse cuenta de que contienen una teoría que ha supuesto ya una gran contribución a los métodos y recursos de las matemáticas puras». Otros descubrimientos, realizados durante los siguientes quince años, complementaron la obra teórica de Maxwell. Finalmente, en 1887 y 1888 el problema científico que permanecía aún abierto—la detección y demostración de las ondas electromagnéticas que transportan las señales de las transmisiones sin hilos—fue resuelto por Heinrich Hertz, que trabajaba en el laboratorio de Helmholtz en Berlín. Ni Maxwell ni Hertz tenían interés alguno en la utilidad de su trabajo; tal pensamiento ni siquiera se les pasó por la cabeza. Carecían de cualquier objetivo práctico. El inventor en sentido legal fue sin duda Marconi, pero ¿qué inventó Marconi? Tan sólo el último detalle técnico, en especial el aparato de recepción ahora obsoleto llamado «cohesor», casi universalmente desechado.

Acaso Hertz y Maxwell no inventaron nada, pero su inútil obra teórica fue aprovechada por un hábil técnico y forjó nuevos medios de comunicación, servicio público y entretenimiento mediante los cuales hombres con méritos relativamente modestos ganaron fama y millones. ¿Quiénes fueron los hombres útiles? No Marconi sino Clerk Maxwell y Heinrich Hertz. Hertz y Maxwell fueron genios sin pensar en la utilidad. Marconi fue un hábil inventor sin otro pensamiento que la utilidad.

La mención del nombre de Hertz recordó a Eastman las ondas hertzianas, y yo le sugerí que podía pedir a los físicos de la Universidad de Rochester explicaciones precisas sobre lo que habían hecho Hertz y Maxwell. Pero añadí que de una cosa podía estar seguro: de que habían realizado su trabajo sin pensar en la utilidad y de que a lo largo de la historia de la ciencia la mayoría de descubrimientos realmente importantes que al final se han probado beneficiosos para la humanidad se debían a hombres y mujeres que no se guiaron por el afán de ser útiles sino meramente por el deseo de satisfacer su curiosidad.

—¿Curiosidad?—preguntó Eastman—.

—Sí—respondí—, la curiosidad que puede conducir o no a algo útil es probablemente la característica más destacada del pensamiento moderno. No se trata de algo nuevo. Se remonta a Galileo, Bacon y sir Isaac Newton, y hay que darle total libertad. Las instituciones científicas deberían entregarse al cultivo de la curiosidad. Cuanto menos se desvíen por consideraciones de utilidad inmediata, tanto más probable será que contribuyan al bienestar humano y a otra cosa asimismo importante: a la satisfacción del interés intelectual, que sin duda puede decirse que se ha convertido en la pasión hegemónica de la vida intelectual de los tiempos modernos.

II

Esto vale para el trabajo tranquilo y discreto de Heinrich Hertz en un rincón del laboratorio de Helmholtz durante los últimos años del siglo XIX. Pero puede decirse lo mismo de científicos y matemáticos de todo el mundo desde hace varios siglos. Vivimos en un mundo que estaría desvalido sin electricidad. Si nos invitan a mencionar el descubrimiento con una utilidad práctica más inmediata y de largo alcance, es muy probable que nos pongamos de acuerdo en indicar la electricidad. Pero ¿quién efectuó los descubrimientos fundamentales de los que procede todo el desarrollo eléctrico que ha tenido lugar durante más de un siglo?

La respuesta es interesante. El padre de Michael Faraday era herrero; el mismo Michael trabajó como aprendiz de encuadernador. En 1812, con veintiún años cumplidos, un amigo lo llevó a la Royal Institution, donde escuchó a sir Humphrey Davy pronunciar cuatro conferencias sobre temas químicos. Faraday tomó notas y envió una copia a Davy. Apenas un año después, en 1813, se convirtió en asistente en el laboratorio de Davy, trabajando en problemas químicos. Dos años más tarde, acompañó a Davy en un viaje al continente. En 1825, a los treinta y cuatro años, se convirtió en el director del laboratorio de la Royal Institution, donde pasó cincuenta y cuatro años de su vida.

El interés de Faraday se desplazó pronto de la química a la electricidad y el magnetismo, a los que dedicó el resto de su vida activa. Previamente Oersted, Ampère y Wollaston habían realizado un trabajo importante pero confuso en este campo. Faraday aclaró las dificultades que ellos habían dejado sin resolver y en 1841 tuvo éxito en la tarea de inducir la corriente eléctrica. Cuatro años después se abrió un segundo e igualmente brillante periodo en su carrera cuando descubrió el efecto del magnetismo en la luz polarizada. Sus primeros descubrimientos habían conducido al infinito número de aplicaciones prácticas mediante las cuales la electricidad ha aliviado las cargas e incrementado las oportuni-

dades de la vida moderna. Así, sus descubrimientos poste-
riores fueron mucho menos prolíficos en resultados prácticos. ¿Qué diferencia supuso tal cosa para Faraday? Ninguna. La utilidad no le interesó en ningún periodo de su
incomparable carrera. Se mantuvo absorto desenmarañan-
do los enigmas del Universo, primero enigmas químicos, y
después enigmas físicos. En lo que a él respecta, la cuestión
de la utilidad no se suscitó nunca. Cualquier sospecha de
aplicación práctica habría limitado su inquieta curiosidad.
A la postre, la utilidad surgió, pero nunca fue el criterio al
que sometió su incesante experimentación.

En la atmósfera que envuelve hoy el mundo quizá sea
oportuno destacar el hecho de que el papel desempeñado
por la ciencia en hacer la guerra más destructiva y más ho-
rrible ha sido un subproducto insconsciente y no buscado de la actividad científica. Lord Rayleigh, presidente de
la British Association for the Advancement of Science, en
una reciente intervención señala con detalle cómo la locura del hombre, no la voluntad de los científicos, tiene la responsabilidad del uso destructivo de los agentes empleados
en la guerra moderna. El estudio inocente de la química de
los compuestos del carbono, que ha conducido a infinitas
aplicaciones beneficiosas, mostró que la acción del ácido
nítrico en sustancias como el benceno, la glicerina, la celulosa, etc., daba como resultado no sólo la benéfica industria del colorante de anilina, sino la creación de la nitroglicerina, que tiene usos buenos y malos. Un poco más tarde
Alfred Nobel, examinando el mismo asunto, mostró que la
mezcla de nitroglicerina con otras sustancias podía producir explosivos sólidos susceptibles de manejo seguro—entre otros, la dinamita—. A la dinamita le debemos el progreso en la minería, en la perforación de túneles de ferroca-
rriles como los que ahora atraviesan los Alpes y otras cor-

dilleras; pero, por supuesto, políticos y militares han abusado de ella. Los científicos, sin embargo, no merecen más condena por este hecho de la que merecen por un terremoto o una inundación. Lo mismo puede decirse a propósito del gas tóxico. Plinio murió por respirar dióxido de azufre durante la erupción del Vesubio hace casi dos mil años. El cloro no fue aislado por los científicos para fines militares, ni tampoco el gas mostaza. Estas sustancias podrían haberse limitado a un uso benéfico, pero cuando se perfeccionó el invento del avión, hombres de corazones venenosos y mentes corrompidas se dieron cuenta de que ese artefacto inocente, resultado de un largo esfuerzo desinteresado y científico, podía convertirse en instrumento de destrucción, cosa que nadie había soñado jamás ni había buscado nunca deliberadamente.

En el campo de las matemáticas avanzadas pueden citarse ejemplos casi innumerables. Así, la obra matemática más abstrusa de los siglos xviii y xix fue la «geometría no euclidiana». Su inventor, Gauss, aunque reconocido por sus contemporáneos como un matemático insigne, no se atrevió a publicar sus trabajos al respecto durante un cuarto de siglo. De hecho, la teoría de la relatividad misma, con sus infinitas aplicaciones prácticas, habría sido del todo imposible sin el trabajo que Gauss efectuó en Göttingen. Un ejemplo más: lo que ahora se conoce como «teoría de grupos» fue una teoría matemática abstracta e inaplicable. La desarrollaron hombres curiosos a los que la curiosidad y la diversión condujo por extraños senderos. Pero la «teoría de grupos» es hoy la base de la teoría cuántica de la espectroscopia, utilizada diariamente por personas que no tienen la menor idea de su origen.

El cálculo de probabilidades fue descubierto íntegramente por matemáticos que en realidad estaban interesados en la racionalización de los juegos de azar. No ha tenido éxito en el propósito práctico que perseguían, pero ha proporcionado una base científica para toda clase de seguros, y gran parte de la física del siglo xix se basa en él.

De un reciente número de la revista *Science* me gustaría citar lo siguiente:

El reconocimiento del que goza el genio del profesor Albert Einstein alcanzó nuevas cumbres cuando se descubrió que el docto físico-matemático desarrolló hace quince años matemáticas que ahora contribuyen a resolver los misterios de la asombrosa fluidez del helio a temperaturas cercanas al cero absoluto. En el simposio que la American Chemical Society dedicó al tema de la acción intermolecular, el profesor F. London, de la Universidad de París, ahora profesor invitado en la Universidad de Duke, atribuyó a Einstein el mérito de haber forjado el concepto de un gas «ideal» en artículos publicados en 1924 y 1925. Los informes de Einstein en 1925 no versaban sobre la teoría de la relatividad sino que discutían problemas que en aquel momento parecían desprovistos de toda significación práctica. Describían la degeneración de un gas «ideal» al acercarse a los límites inferiores de la escala de las temperaturas. Dado que era ya sabido que todos los gases se licúan a tales temperaturas, los científicos tendieron a pasar por alto estos trabajos realizados por Einstein quince años antes.

Sin embargo, el comportamiento del helio líquido, descubierto recientemente, ha concedido nueva utilidad al olvidado concepto de Einstein. La mayoría de líquidos incrementan su viscosidad, se vuelven más pegajosos y fluyen menos fácilmente cuando se enfrían. La frase «más frío que la melaza en enero» recoge el concepto de viscosidad propio del profano, un concepto de hecho correcto. El helio líquido, no obstante, constituye una misteriosa excepción. A la temperatura conocida como «punto delta», sólo 2,19 grados por encima del cero absoluto, el helio líquido fluye mejor que a temperaturas superiores; en realidad, el helio líquido es casi tan nebuloso como un gas. A este extraño comportamiento se le añaden otros enigmas, como su enorme capacidad para conducir el calor. En el punto delta es unas quinientas veces tan efectivo en este aspecto como el cobre a temperatura ambiente. El helio líquido, con estas y otras anomalías, ha planteado un misterio importante a físicos y químicos.

El profesor London afirmó que el comportamiento del helio líquido puede explicarse mejor si se considera a este como un gas «ideal» al modo Bose-Einstein, usando las matemáticas elaboradas en 1924-1925, y asumiendo también algunos de los conceptos relativos a la conducción eléctrica de los metales. Por simple analogía, la asombrosa fluidez del helio líquido puede explicarse parcialmente imaginando la fluidez como algo semejante al movimiento errático de electrones en un metal que explica la conducción de la electricidad.

Miremos ahora en otra dirección. En el dominio de la medicina y la salud pública la ciencia de la bacteriología ha tenido un papel preponderante durante el último medio siglo. ¿Cuál es la historia? Al acabar la guerra franco-prusiana de 1870, el gobierno alemán fundó la gran Universidad de Estrasburgo. Su primer profesor de anatomía fue Wilhelm von Waldeyer, después profesor de la misma especialidad en Berlín. En sus *Recuerdos* refiere que entre sus estudiantes de Estrasburgo durante el primer semestre se encontraba un joven pequeño, discreto y autosuficiente, de 17 años, llamado Paul Ehrlich. El curso regular de anatomía en aquel entonces consistía en la disección y el examen microscópico de tejidos. Ehrlich demostró escaso o nulo interés por la disección, pero, como señala Waldeyer en sus *Recuerdos*:

Me di cuenta muy pronto de que Ehrlich trabajaba largas horas en su mesa, completamente absorto en la observación al microscopio. Además, la mesa fue cubriéndose gradualmente de manchas de toda suerte de colores. Un día en que lo vi sentado al trabajo, me acerqué a él y le pregunté qué estaba haciendo con tal despliegue de colores en su mesa. Entonces este joven estudiante de primer semestre que supuestamente seguía el curso regular de anatomía alzó la vista hacia mí y dijo en voz baja: «*Ich probiere*». Esto podría traducirse libremente como «Estoy probando» o como «Sólo estoy jugando». Le repliqué: «Muy bien. Continúe con el juego». Vi enseguida que sin ninguna enseñanza o dirección por mi parte tenía en Ehrlich un estudiante de calidad inusual.

Waldeyer, con mucha sensatez, lo dejó tranquilo. Ehrlich prosiguió, azarosamente, sus estudios de medicina y a la postre consiguió graduarse, en buena medida porque a sus profesores les pareció obvio que no tenía ninguna intención de ejercer nunca como médico. A continuación marchó a Breslau donde trabajó con Cohnheim, maestro también de nuestro doctor Welch, el que sería fundador y artífice de la Escuela Médica Johns Hopkins. No creo que la idea de utilidad cruzara nunca por la mente de Ehrlich. Él tenía interés. Era curioso; continuó jugando. Por supuesto, su juego se guiaba por un profundo instinto, pero se trataba de una motivación puramente científica, no utilitaria. ¿Qué resultó de ello? Koch y sus asociados establecieron una nueva ciencia, la ciencia de la bacteriología. Los experimentos de Ehrlich fueron entonces empleados por un compañero de estudios, Weigert, para colorear bacterias y contribuir por ese medio a su diferenciación. El mismo Ehrlich desarrolló el coloreado del frotis de sangre con tintes en el que se basa nuestro moderno conocimiento de la morfología de los glóbulos rojos y blancos de la sangre. No pasa un día sin que en miles de hospitales de todo el mundo se aplique la técnica de Ehrlich para analizar la sangre. De este modo, el juego aparentemente sin objeto de la sala de disección de Waldeyer en Estrasburgo se ha convertido en un factor determinante en la práctica cotidiana de la medicina.

Presentaré ahora un ejemplo extraído de la industria, uno seleccionado al azar, pues hay muchísimo más. El profesor Berl, del Carnegie Institute of Technology (Pittsburgh), escribe lo siguiente:

El fundador de la moderna industria del rayón fue el francés conde Chardonnet. Como es sabido, empleaba una solución de nitrocelulosa en una mezcla de alcohol y éter, y pasaba a presión esta solución viscosa, a través de capilares, hacia un recipiente con agua, que servía para coagular el filamento de nitrato de celulosa. Tras la coagulación, el filamento se exponía al aire y era enrollado en bobinas. Un día Chardonnet inspeccionaba su fábrica francesa en Besançon. A causa de un accidente cesó el suministro del agua que debía coagular el filamento del nitrato de celulosa. Los trabajadores descubrieron que la operación del hilado funcionaba mucho mejor sin agua que con ella. Este fue el día en que nació el importantísimo proceso del hilado en seco, que actualmente se realiza a gran escala.

III

No pretendo en absoluto sugerir que toda la actividad que se desarrolla en los laboratorios tiene finalmente alguna utilidad práctica inesperada ni que la utilidad práctica final constituye su verdadera justificación. Defiendo más bien la conveniencia de abolir la palabra *utilidad* y liberar el espíritu humano. Por supuesto, esto comportaría dar libertad a unos cuantos excéntricos inofensivos y derrochar algunos preciosos dólares. Pero es infinitamente más importante que de este modo quebraríamos las cadenas de la mente humana y le otorgaríamos libertad para las aventuras que en nuestros propios días han conducido, por un lado, a Hale, Rutherford, Einstein y sus semejantes hasta las regiones más remotas del espacio, alejadas de nosotros millones y millones de kilómetros, y, por otro, han liberado la ilimitada energía encerrada en el átomo. Lo que Rutherford y otros como Bohr y Millikan han conseguido por pura curiosidad, en su lucha por entender la construcción del átomo, ha desatado fuerzas que pueden transformar la vida humana; pero este resultado práctico final, imprevisto e impredecible, no constituye la justificación de los trabajos de Rutherford, Einstein, Millikan, Bohr o cualquiera de sus semejantes. Dejémoslos tranquilos. Ningún gestor educativo puede orientar de ninguna manera las investigaciones de estos hombres. El despilfarro, lo admito de nuevo, parece enorme. Pero en realidad no lo es. Todo el derroche que se ha producido en el desarrollo de la ciencia bacteriológica es prácticamente nulo si se compara con las ventajas que proceden de los descubrimientos de Pasteur, Koch, Ehrlich, Theobald Smith y muchísimos otros—ventajas que nunca habrían surgido si la idea de la posible utilidad hubiera dominado sus mentes—. Estos grandes artistas—pues científicos y bacteriólogos lo son—difundieron el espíritu que prevaleció en unos laboratorios en los que no hacían otra cosa que seguir el hilo de su propia curiosidad natural.

No critico instituciones como las escuelas de ingeniería o de derecho en las que el criterio de la utilidad predomina necesariamente. A menudo la situación se invierte y las dificultades prácticas que se presentan en la industria o en los laboratorios estimulan las indagaciones teóricas. Estas pueden resolver, o tal vez no, los problemas que las suscitaron, pero pueden también abrir nuevas perspectivas, en un primer momento inútiles y, sin embargo, cargadas de futuros logros, prácticos y teóricos.

Gracias a la rápida acumulación de conocimientos «inútiles» o teóricos se ha forjado una situación en la que cada vez hay más posibilidades de abordar problemas prácticos con espíritu científico. No sólo los inventores, sino los científicos «puros» se han complacido en este juego. He mencionado a Marconi, un inventor, que, aun siendo un benefactor del género humano, se limitó de hecho a «aprovecharse de los cerebros de otros hombres». Edison pertenece a la misma categoría. Pasteur fue diferente. Fue un gran científico, pero no se opuso a abordar problemas prácticos—tales como el estado de las viñas francesas o los problemas de la elaboración de la cerveza—. No sólo resolvía la dificultad inmediata, sino que, además, extraía del problema práctico alguna conclusión teórica de largo alcance, «inútil» por el momento, pero con grandes probabilidades de ser «útil» de algún modo imprevisto en el futuro. Erhlich, cuya curiosidad era básicamente especulativa, se dedicó con pasión al problema de la sífilis y lo investigó tenazmente hasta obtener una solución de inmediata utilidad práctica—el Salvarsán (la arsfenamina)—. Los descubrimientos de la insulina por Banting, aplicable a la diabetes, y del extracto de hígado por Minot y Whipple, aplicable a la anemia maligna, son de la misma clase: ambos fueron efectuados por científicos puros que se dieron cuenta de los muchos conocimientos «inútiles» que habían acumulado hombres sin preocupación alguna por sus aplicaciones utilitarias, y pensaron que había llegado el momento de plantear cuestiones prácticas de forma científica.

Así, es obvio que uno debe ser cauto al atribuir la totalidad de un descubrimiento científico a una sola persona. Casi todos los descubrimientos tienen detrás una larga y azarosa historia. Alguien encuentra una pieza aquí, otro una pieza allá. Más adelante sigue un tercer paso y así sucesivamente hasta que un genio reúne todas las piezas y realiza la contribución decisiva. La ciencia, como el río Misisipi, es al principio un minúsculo riachuelo en un bosque lejano. Otras corrientes engrosan gradualmente su caudal. El río estruendoso que revienta los diques se forma a partir de innumerables fuentes.

No puedo ocuparme de este aspecto de manera exhaustiva, pero aprovecharé la ocasión para decir lo siguiente: durante un periodo de uno o dos siglos las contribuciones de las escuelas profesionales a sus respectivas actividades consistirán, probablemente, no tanto en la formación de individuos que puedan convertirse después en ingenieros prácticos, juristas prácticos o médicos prácticos, sino más bien en el hecho de que aun en la búsqueda de objetivos estrictamente prácticos se desarrollará una enorme cantidad de actividades en apariencia inútiles. De estas actividades inútiles proceden descubrimientos que sin duda pueden probarse de infinita mayor importancia para la mente y el espíritu humanos que la consecución de las metas útiles para las que tales escuelas se fundaron.

Las consideraciones a las que he aludido hacen hincapié—si ello era necesario—en la abrumadora importancia de la libertad espiritual e intelectual. He hablado de ciencia experimental; he hablado de matemáticas; pero lo que afirmo es igualmente cierto con respecto a la música, el arte y cualquier otra expresión del ilimitado espíritu humano. Ninguna de estas actividades necesita otra justificación que el simple hecho de que sean satisfactorias para el alma individual que persigue una vida más pura y elevada. Y al justificarlas sin referencia alguna, implícita o explícita, a la utilidad justificamos las escuelas, las universidades y los institutos de investigación. Una institución que libera a generaciones sucesivas de almas humanas está ampliamente justificada al margen de que tal o cual graduado haga una contribución de las llamadas útiles al conocimiento humano. Un poema, una sinfonía, una pintura, una verdad matemática, un nuevo hecho científico, todos ellos constituyen en sí mismos la única justificación que universidades, escuelas e institutos de investigación necesitan o requieren.

El asunto que estoy discutiendo presenta hoy en día una relevancia especial. En ciertas grandes áreas del mundo —sobre todo Alemania e Italia— se está ahora mismo efectuando un esfuerzo para restringir la libertad del espíritu humano. Las universidades han sido reorganizadas al punto de convertirlas en instrumentos al servicio de quienes profesan un particular credo político, económico o racial. De vez en cuando un individuo irreflexivo en alguna de las pocas democracias que restan en el mundo pretende incluso cuestionar la importancia fundamental de que la libertad académica se mantenga absolutamente irrestricta. El enemigo real del género humano no es el pensador audaz e irresponsable, tenga razón o no. El enemigo real es quien trata de moldear el espíritu humano de manera que no se atreva a desplegar sus alas como estas se desplegaron en otro tiempo en Italia y Alemania, lo mismo que en Gran Bretaña y los Estados Unidos. Esta no es una idea nueva. Fue la idea que animó a Humboldt cuando, en el momento de la conquista de Alemania por Napoleón, concibió y fundó la Universidad de Berlín. Es la idea que animó al presidente Gilman en la creación de la Universidad Johns Hopkins, el modelo según el cual todas las universidades de este país han intentado en mayor o menor medida reconstruirse. Es la idea a la que serán fieles todos los individuos que se preocupan por su alma immortal, con independencia de las consecuencias personales que ello comporte. La justificación de la libertad espiritual, sin embargo, supera con mucho la cuestión de la creatividad en el ámbito científico o humanístico, pues implica la tolerancia de todo el espectro de las diferencias humanas.

¿Qué puede haber más necio o ridículo, a la vista de la historia del género humano, que las simpatías o antipatías fundadas en la raza o la religión? ¿Acaso la humanidad quiere sinfonías, pinturas y profundas verdades científicas, o quiere sinfonías cristianas, pinturas cristianas y ciencia cristiana, o sinfonías judías, pinturas judías y ciencia judía? ¿Acaso quiere contribuciones a la infinita riqueza del alma humana y expresiones suyas que sean musulmanas, egipcias, japonesas, chinas, americanas, alemanas, rusas, comunistas o conservadoras?

IV

Entre las consecuencias más llamativas e inmediatas de la intolerancia hacia los extranjeros puedo citar con justicia, me parece, el rápido desarrollo del Institute for Advanced Study, fundado en Princeton, Nueva Jersey, por Louis Bamberger y su hermana, la señora de Felix Fuld. La propuesta de crear el Instituto surgió en 1930. Se decidió ubicarlo en Princeton en parte por el apego de sus fundadores al Estado de Nueva Jersey, pero, en lo que a mí concierne, por el hecho de que Princeton poseía una pequeña escuela superior de alta calidad con la cual era viable colaborar muy estrechamente. El Instituto tiene una deuda con la Universidad de Princeton que nunca podrá ser del todo apreciada. El trabajo del Instituto con una parte considerable de su personal empezó en 1933. En su cuerpo docente figuran eminentes estudiosos estadounidenses: Veblen, Alexander y Morse entre los matemáticos; Meritt, Lowe y Miss Goldman entre los humanistas; Stewart, Riefler, Warren, Earle y Mitrany entre los juristas y economistas. Y a estos se les deberían sumar estudiosos y científicos de la misma talla que ya formaban parte de la Universidad, la Biblioteca y los laboratorios de Princeton. Pero el Institute for Advanced Study está en deuda con Hitler por Einstein, Weyl y Neumann en matemáticas; por Herzfeld y Panofsky en el campo de los estudios humanísticos, y por una multitud de investigadores más jóvenes que durante los pasados seis años han trabajado con este grupo distinguido y están acrecentando ya la fuerza de los estudios estadounidenses en cada rincón del país.

El Instituto es, desde el punto de vista organizativo, la cosa más simple y menos formal que pueda imaginarse. Consta de tres escuelas: una Escuela de matemáticas, una Escuela de estudios humanísticos y una Escuela de economía y política. Cada escuela está formada por un grupo permanente de profesores y un grupo de miembros asociados que cambian cada año. Cada escuela dirige sus propios asuntos a su gusto; dentro de cada grupo cada individuo dispone de su tiempo y energía como le place. Los miembros asociados, que han llegado ya de veintidós países extranjeros y de treinta y nueve instituciones de estudios superiores de los Estados Unidos, son aceptados, si se les juzga con méritos suficientes, por los diversos grupos. Disfrutan exactamente de la misma libertad que los profesores. Pueden trabajar con uno u otro profesor según acuerden de forma individual; pueden trabajar solos, consultando de vez en cuando a cualquiera que juzguen de posible ayuda. No se sigue ninguna rutina; no se hacen distinciones entre profesores, asociados e invitados. Los estudiantes y profesores de Princeton y los asociados y profesores del Instituto se mezclan con tanta libertad que llegan a confundirse. Se cultiva el estudio como tal. Los resultados de cada individuo y de la sociedad se dejan en sus propias manos. No se celebran reuniones de docentes; no existen comisiones. De este modo, los individuos con ideas disfrutan de condiciones favorables para la reflexión y el diálogo. Un matemático puede dedicarse a las matemáticas sin distracción alguna; lo mismo un humanista en su campo, y un economista o un estudiante de ciencias políticas en el suyo. La administración se ha reducido al mínimo en extensión e importancia. Los individuos que carezcan de ideas, que no puedan concentrarse en las ideas, no se sentirán a sus anchas en el Instituto.

Acaso puedo aclarar más este punto mencionando brevemente unos cuantos ejemplos. Un profesor de Harvard al que se concedió una beca para venir a Princeton escribió preguntando:

—¿Cuáles son mis obligaciones?

—No tiene obligaciones—le respondí—; sólo oportunidades.

Un joven y capaz matemático que había pasado un año en Princeton vino a despedirse de mí. Ya a punto de marchar, señaló:

—Quizá le gustaría saber qué ha significado este año para mí.

—Sí—repliqué.

—Las matemáticas—dijo—progresan con rapidez; la literatura reciente es muy amplia. Hace ya más de diez años que me doctoré. Durante un tiempo pude mantenerme al día en mi tema de estudio; pero últimamente se me hacía cada vez más arduo e incierto. Ahora, después de un año aquí, las persianas se han alzado, la habitación está llena de luz, las ventanas se han abierto. Tengo en la cabeza dos artículos que escribiré dentro de poco.

—¿Cuánto durará esto?—le pregunté.

—Cinco años, quizá diez.

—¿Y después qué?

—Volveré.

Un tercer ejemplo es muy reciente. Un profesor de una gran universidad del Oeste llegó a Princeton a finales del

pasado diciembre. Su objetivo era proseguir cierto trabajo con el profesor Morey (de la Universidad de Princeton).
Pero Morey sugirió que también podría valer la pena ver a
Panofsky y Swarzenski (del Instituto). Ahora está trabajando con los tres al mismo tiempo.

—Me quedaré—añadió—hasta el próximo octubre.

—Encontrará que en pleno verano hace mucho calor—le
dije.

—Estaré demasiado ocupado y demasiado contento para
darme cuenta.

Así pues, la libertad no trae consigo inactividad, sino más
bien el peligro de trabajar en exceso. La esposa de un asociado inglés preguntó hace poco:

—¿Todo el mundo trabaja hasta las dos de la mañana?

Hasta ahora el Instituto no ha tenido sede propia. En
este momento los matemáticos son huéspedes de los matemáticos de Princeton en Fine Hall; algunos humanistas son
huéspedes de los humanistas de Princeton en McCormick
Hall; otros trabajan en espacios diseminados por la ciudad.
Los economistas ocupan ahora un grupo de habitaciones en
un hotel, el Princeton Inn. Mis propias dependencias se encuentran en un edificio de oficinas en Nassau Street, donde
trabajo entre tenderos, dentistas, abogados, fisioterapeutas
y grupos de estudiosos de Princeton que llevan a cabo una
encuesta del gobierno local y un estudio sobre la población.
Por lo tanto, los ladrillos y el mortero carecen de importancia alguna, como probó el presidente Gilman en Baltimore
hace unos sesenta años. No obstante, echamos de menos el
contacto informal entre unos y otros, y estamos a punto de
poner remedio a este defecto mediante la construcción de un
edificio sufragado por los fundadores, que se llamará Fuld
Hall. Pero la formalidad no irá más lejos. El Instituto debe
seguir siendo pequeño; y se mantendrá firme en la convic-

ción de que la comunidad que lo compone anhela tiempo libre, seguridad, libertad frente a la organización y la rutina y, finalmente, contactos informales con los estudiosos de la Universidad de Princeton y otros que de vez en cuando pueden ser atraídos a Princeton desde lugares distantes. Entre estos, Niels Bohr ha llegado de Copenhague, von Laue de Berlín, Levi Civita de Roma, André Weil de Estrasburgo, Dirac y G. H. Hardy de Cambridge, Pauli de Zúrich, Lemaître de Lovaina, Wade-Gery de Oxford, y estadounidenses de Harvard, Yale, Columbia, Cornell, Johns Hopkins, Chicago, California y otros centros de cultura y ciencia.

Por nuestra parte, no prometemos nada, pero abrigamos la esperanza de que la libre búsqueda de conocimientos inútiles demostrará tener consecuencias en el futuro como las ha tenido en el pasado. Ni por un momento, sin embargo, defendemos el Instituto por esta razón. Existe como un paraíso para los estudiosos que, como los poetas y los músicos, se han ganado el derecho a hacer las cosas a su gusto y logran los mayores resultados cuando se les permite actuar así.

ESTA REIMPRESIÓN, TRIGÉSIMA SEGUNDA,
DE «LA UTILIDAD DE LO INÚTIL», DE NUCCIO
ORDINE, SE TERMINÓ DE IMPRIMIR
EN CAPELLADES EN EL MES
DE SEPTIEMBRE
DEL AÑO
2023